Mosaik

AUS DER BISTRO-KÜCHE

Salate ! Snacks ! etc...

Zusammenstellung der Rezeptsammlung: Ulla Jacobs

Mosaik Verlag

Bildnachweis
Mosaik Verlag / Eising 9, 79; Feuz 31;
Kerth 57;
Alle Steps: Rechte beim Mosaik Verlag

Der Mosaik Verlag ist ein Unternehmen der Verlagsgruppe Bertelsmann

Redaktion: Ulla Jacobs, München
Umschlaggestaltung: Ellen Bellinger
Fotograf aller Bistro-Aufnahmen: Peter Knaup, Paris
Illustrationen: Petra Dorkenwald, München
Buchgestaltung: Peter Pleischl, München
DTP: Renate Dräger, München
Reproduktionen: Artilitho, Trento
Druck und Bindung: Alcione, Trento
Printed in Italy
ISBN 3-576-10644-8

Wie so viele kulinarische Köstlichkeiten, so verdanken wir den Franzosen auch die inzwischen bei uns heiß geliebte Bistro-Küche. Und die Franzosen verdanken sie angeblich wiederum russischen Soldaten, die Anfang des 18. Jahrhundert Paris besetzten; möglicherweise entstand die Bistro-Küche aber auch erst vor der Oktoberrevolution. Wann auch immer – daß Russen einen gewissen Einfluß hatten, beweist die Tatsache, daß „Bistro" auf russisch schnell heißt. Und Schnelligkeit ist ein Markenzeichen der Bistro-Küche, gepaart mit Atmosphäre und Qualität. Die Bistro-Küche ist doch etwas mehr als nur Fast food für Anspruchsvolle.

Wenn in klassischen Pariser Bistros die regionale Küche vorherrscht, so hat sich in den ausländischen Bistros ebenfalls eine typische Küche entwickelt. Sie ist eine Mischung aus französischer, regionaler und internationaler Küche – eine ideale Kombination.

In diesem Buch stellen wir Ihnen interessante Salatkombinationen vor, z.B. einen Salat mit Rehfleisch, Pilzen und Wachteleiern – dazu knuspriges Baguette und ein gehaltvoller Weißwein oder Rosé aus der Provence, schon haben Sie Bistro-Atmosphäre zu Hause. Sie finden Lieblingsrezepte, wie z.B. gebackenen Camembert, gegrillten

Schafskäse und ausgebackene Champignons. Es ist typisch für die Bistro-Küche, Häppchen und Snacks zusammen mit einem Salat zu servieren. Besonders schön sieht es aus, wenn Sie verschiedene Blattsalate verwenden, z.B. Lollo Rosso, Friséesalat, Rucola, Feldsalat und Radicchio. Richten Sie alles auf einem großen Teller an und garnieren Sie z.B. mit Kirschtomaten, Kresse, feinen Sprossen, gerösteten Sonnenblumenkernen oder Sesamsaat.

Die Rezeptsammlung wird abgerundet durch eine große Anzahl raffinierter Toasts und köstlich gefüllter Pastetchen sowie pikant gefüllter Blätterteigtäschchen – solo oder mit einem schönen Salat und Baguette serviert, ist die Schlemmerei perfekt. Viel Spaß beim Ausprobieren der Rezepte. Und beim anschließenden Genießen.

RAFFINIERTE SALATE

Wildsalat mit Birnen (Rezept Seite 15)

Spinatsalat mit Geflügelleber

◎ Für 4 Personen
◎ Pro Portion: ca. 310 kcal

***SALAT:* 150 g Wurzelspinat, 10 g gebleichter Löwenzahn, 100 g Champignons, 1 TL Zitronensaft**
***SAUCE:* 2 hartgekochte Eier, 1 TL Dijonsenf, 1 EL Zitronensaft, 3-4 EL Maiskeimöl, Salz, Pfeffer aus der Mühle, ca. 400 g Geflügelleber (z. B. vom Truthahn oder Huhn), ½ EL Butterschmalz, 1 EL Rotweinessig, 1 EL Cognac, 1 EL Schnittlauchröllchen**

1 Spinat und Löwenzahn putzen, grobe Stiele entfernen und gründlich waschen. Champignons putzen, blättrig schneiden und sofort mit Zitronensaft beträufeln.

2 Für die Sauce hartgekochte Eier pellen und halbieren. Das Eigelb herauslösen und durch ein Sieb streichen. Mit Senf und Zitronensaft verrühren. Öl nach und nach dazugießen, salzen und pfeffern. Spinat, Löwenzahn und Champignons mit ca. 1 Eßlöffel Sauce vermischen.

3 Geflügelleber in Eiswasser spülen, putzen, trockentupfen, dann in ca. ½ cm dicke Scheiben schneiden. Im mittelheißen Fett auf beiden Seiten je 1 Minute braten, salzen und pfeffern. Herausnehmen und zugedeckt warm stellen. Das Bratfett abgießen und den Bratenfond mit Essig und Cognac loskochen.

4 Den Salat auf 4 Teller verteilen. Die Leber darauf anrichten und mit Bratensaft beträufeln. Feingehacktes Eiweiß und Schnittlauchröllchen darüberstreuen. Die restliche Salatsauce separat dazu servieren.

Statt Geflügelleber eine Hähnchenbrust auf beiden Seiten scharf anbraten, mit Salz, Pfeffer, Paprika und Thymian würzen. Zugedeckt 10 Minuten nachziehen lassen. Dann schräg aufschneiden und auf dem Salat anrichten. Oder geputzte und gut trockengetupfte Geflügelleber über Nacht in 6 Eßlöffel Cognac einlegen und zugedeckt marinieren. Am nächsten Tag herausnehmen, nochmals trockentrupfen und wie im Rezept beschrieben braten.

Salat mit Rehfleisch, Pilzen und Wachteleiern

◎ Für 4 Personen
◎ Pro Portion: ca. 240 kcal

200 g Blattsalat, 100 g frische Pilze (Pfifferlinge, Steinpilze), 100 g Rehfleisch, ohne Knochen, 2 Scheiben Toastbrot, 2 EL Butterschmalz, 2 EL Butter, 4 Wachteleier
SAUCE: 3 EL Haselnußöl, ½ TL scharfer Senf, 1 EL Sherryessig, 1 EL Fleischbrühe, 1 Knoblauchzehe, 1 Prise Thymian, getrocknet, 1 EL Oregano, getrocknet, Salz, schwarzer Pfeffer aus der Mühle

1 Den Salat und die Pilze putzen und waschen. Die Salate trockenschleudern, die Pilze abtupfen und in Scheiben schneiden. Das Rehfleisch in feine Streifen schneiden.

2 Für die Sauce das Öl und den Senf verrühren. Mit Essig, Brühe, dem geschälten, durchgepreßten Knoblauch, dem Thymian, ½ Eßlöffel Oregano, Salz und Pfeffer mischen.

3 Das Toastbrot in kleine Würfelchen schneiden, in 1 Eßlöffel Butterschmalz in einer Pfanne hellgelb braten und herausnehmen. Die Bratpfanne ausreiben, 1 Eßlöffel Butter hineingeben und die Pilze ganz kurz darin anziehen lassen. Herausnehmen und beiseite stellen. Die Pfanne trockenreiben, das restliche Butterschmalz hineingeben, das Fleisch darin ganz kurz anbraten.

4 Die Wachteleier aufschlagen und in der in der Pfanne verbliebenen Butter zu Spiegeleiern braten. Auf dem Salat anrichten.

Folgende Salatsorten eignen sich besonders gut: Lollo Rosso, Batavia, Kresse, Eichblatt und Rucola. Und so richten Sie den Salat an: Salatblätter auf Teller verteilen, die Pilze darauflegen und mit der Sauce beträufeln. Mit den Croûtons und Oregano bestreuen.

Den Panzer der Scampi an der Bauchseite aufritzen und das Fleisch herausschälen.

Chinakohlsalat mit Scampi und Sesam

- Für 4 Personen
- Pro Portion: ca. 170 kcal

1 kleiner Chinakohl, 8 mittelgroße Minzeblätter, 50 g Gartenkresse, 4 große Scampi, 1 TL Erdnußöl, Szetschuanpfeffer aus der Mühle, 1 EL Sesamsamen
SAUCE: 1 EL Sojasauce, 1 EL Hühnerbrühe, 1 EL Sherryessig, 1 EL Sherry, 4 EL Erdnußöl, 1–2 Tropfen Sesamöl, wenig Salz, Szetschuanpfeffer aus der Mühle

1 Die Blätter des Chinakohls vom Strunk lösen, die Rippen entfernen und die Blätter in ca. 1 cm breite Streifen schneiden. Gut waschen und trockenschleudern. Die Minzeblätter und die Kresse waschen und gut abtropfen lassen.

2 Für die Sauce die Sojasauce mit der Brühe verrühren. Den Essig und den Sherry zufügen und zuletzt das Öl daruntermischen. Mit wenig Salz, Szetschuanpfeffer und Sesamöl abschmecken.

3 Die Krusten der Scampi auf der Bauchseite seitlich aufschneiden. Das Fleisch sorgfältig herauslösen, dabei das letzte Glied des Panzers mit dem Schwanzende stehenlassen. Die Scampi am oberen Ende leicht einschneiden und den Darm herausziehen.

4 Die Scampi in Erdnußöl bei schwacher Hitze anziehen lassen, bis sie milchig weiß werden. Das dauert, je nach Größe, ungefähr 3–4 Minuten. Mit Szetschuanpfeffer bestreuen.

5 Die Sesamsamen in einer trockenen Pfanne bei mittlerer Hitze kurz rösten.

6 Den Chinakohl mit den Minzeblättern und der Hälfte der Sauce vermischen. Auf Tellern anrichten. Mit der Kresse und den lauwarmen Scampi garnieren. Mit Sesamsamen bestreuen.
Beilage: Kroepoeck (Fladen aus Crevettenmehl, die aufgebacken werden) oder frisches Brot.

Griechischer Hirtensalat

◎ Für 4 Personen
◎ Pro Portion: ca. 345 kcal

1 Kopf grüner Salat, 2 rote oder grüne Paprikaschoten, 100 g schwarze Oliven, 6 kleine Tomaten (ca. 500 g), 200 g Feta (griechischer Schafskäse), 2 kleine Zwiebeln, 1 Salatgurke
SAUCE: 1 EL Weinessig, Salz, schwarzer Pfeffer aus der Mühle, 4 EL Olivenöl

Anstelle von Kopfsalat paßt auch knackiger Eisbergsalat sehr gut.

1 Die gewaschenen Salatblätter im Salatsieb trockenschleudern und in mundgerechte Stücke zerteilen. Die gewaschenen Paprikaschoten entkernen und in Streifen schneiden, die Tomaten vierteln. Den Käse in große Würfel schneiden. Die Oliven entsteinen. Die geschälten Zwiebeln in Scheiben, die gewaschene Gurke der Länge nach in Streifen schneiden.
2 Alle Salatzutaten in einer Schüssel miteinander vermischen oder auf Tellern anrichten.
3 Für die Sauce Essig mit Salz und Pfeffer verrühren, dann das Öl unterschlagen. Die Sauce vor dem Auftragen über dem Salat verteilen.
Beilage: ofenfrisches Stangenweißbrot

Appetitanregend sind die Zutaten für den Räucherfisch.

Räucherfischsalat

◎ Für 4 Personen
◎ Pro Portion: ca. 525 kcal

400 g Räucherfisch (z. B. Schillerlocken, Heilbutt, Pfeffermakrele, Räucherforelle), 300 g Pellkartoffeln, 1 kleine Zwiebel, 1 Gewürzgurke, 2 aromatische Äpfel, 1 rote Paprikaschote, Salz, 3 EL Weinessig, 3 EL gehackter Dill, ½ Kopf Endiviensalat als Garnitur VINAIGRETTE: 2 EL Weinessig, 2 TL scharfer Senf, Salz, schwarzer Pfeffer aus der Mühle, 2 EL Traubenkernöl, 6 EL Sahne

Die Haut von den Räucherfischhälften abziehen.

1 Schillerlocken in Stückchen schneiden, die anderen Räucherfische von Haut und Gräten befreien und in Stückchen zerpflücken.

2 Die abgezogenen Pellkartoffeln in größere Würfel, die geschälte Zwiebel in kleine Würfel und die Gewürzgurke in Streifen schneiden. Die Äpfel schälen, vierteln, entkernen und in Würfel schneiden. Die entkernte Paprikschote ebenfalls in feine Streifen schneiden, evtl. ganz kurz in kochendem Wasser blanchieren.

3 Alle vorbereiten Salatzutaten, bis auf den Fisch, in einer Schüssel miteinander vermischen, leicht salzen und mit dem Essig übergossen 1 Stunde marinieren lassen.

4 Für die Vinaigrette Essig, Senf, Salz und Pfeffer verrühren, bis sich das Salz aufgelöst hat. Nach und nach unter Rühren mit einem Schneebesen das Öl und die Sahne hinzufügen.

5 Den Salat vorsichtig mit dem Räucherfisch und dem Dill vermischen. Die Vinaigrette darübergießen, locker unterheben und den Salat noch ein-

mal kurz durchziehen lassen. Auf einer Platte oder auf Portionstellern in einem Kranz von streifig geschnittenem Endiviensalat anrichten.

Wildsalat mit Birnen

- Für 4 Personen
- Pro Portion: ca. 300 kcal
- Siehe Abbildung S. 9

200 g Reste von Wildfleisch (in Scheiben geschnitten), 2 reife Birnen, 1 TL Zitronensaft, 1/2 kleine Sellerieknolle, Salz, 2 Kiwis, 2 EL gehackte Walnüsse
SAUCE: 6 EL Mayonnaise, 1 TL Senf, 3 EL Sahne
AUSSERDEM: 6–8 Blätter Lollo Rosso, grobgemahlener Pfeffer

Die Salatsauce schmeckt besonders gut, wenn Sie die Mayonnaise selbermachen und scharfen Dijonsenf verwenden.

1 Das Wildfleisch und die geschälten Birnen in Streifen schneiden, die Birnenstreifen sofort mit Zitronensaft beträufeln.

2 Den Sellerie schälen und in feine Streifen schneiden. In kochendem Wasser etwa 2 Minuten blanchieren und gut abtropfen lassen.

3 Die Kiwis schälen und in Scheiben schneiden, die Hälfte der Kiwischeiben in Würfel. Diese mit dem Fleisch, den Birnen, den Selleriestreifen und den Nüssen vermischen.

4 Die Saucenzutaten verrühren, über die Salatzutaten gießen und unterheben. Den Salat auf den Lollo-Rosso-Blättern anrichten und mit den Kiwischeiben garnieren. Mit Pfeffer bestreuen.

Feldsalat mit Räucherlachs

◎ Für 4 Personen
◎ Pro Portion: ca. 305 kcal

200 g kleinblättriger Feldsalat, 1 kleiner Chicorée, 200 g frische Champignons oder Steinpilze, 2 Schalotten, 200 g geräucherter Lachs, 50 g Walnußkerne VINAIGRETTE: 2 TL Zitronensaft, Salz, weißer Pfeffer aus der Mühle, 1 TL scharfer Senf, 6 EL Öl (möglichst 2 EL Walnußöl und 4 EL neutrales Öl)

Anstelle von Walnußkernen können Sie den Salat auch mit Sonnenblumen- oder Kürbiskernen bestreuen. Diese in einer trockenen, beschichteten Pfanne vorher anrösten.

1 Die sandigen Wurzelenden des Feldsalates so abschneiden, daß die Salatpflanzen noch zusammenhalten und nicht in einzelne Blätter zerfallen. Nur sehr großblättiger Feldsalat wird auseinandergelöst. Den Salat gründlich in leicht lauwarmem Wasser waschen und auf einem Sieb abtropfen lassen oder vorsichtig trockenschleudern. Den Chicorée in einzelne Blätter teilen und in Stücke schneiden.

2 Die geputzten Pilze in Streifen schneiden, die geschälten Schalotten in kleine Würfel. Die Lachsscheiben in breite Streifen schneiden. Die Nüsse grob hacken.

3 Die Hälfte der Lachsstreifen beiseite stellen. Alle übrigen Salatzutaten in eine Schüssel geben und miteinander vermischen.

4 Für die Vinaigrette den Zitronensaft mit Salz und Pfeffer verrühren, bis das Salz aufgelöst ist. Dann mit einem kleinen Schneebesen zuerst den Senf und dann nach und nach das Öl mit dem Zitronensaft verrühren, so daß eine glatte Sauce entsteht.

5 Die Vinaigrette über die Salatzutaten gießen und gründlich miteinander vermischen. Auf Portionstellern anrichten und die restlichen Lachsstreifen als Garnitur über den Salat streuten.
Beilage: knusprige Brötchen, evtl. Käsebrötchen

Chicoréesalat mit Krabben

◎ Für 4 Personen
◎ Pro Portion: ca. 175 kcal

3 Chicoréekolben, 2–3 Stücke Senfgurke (aus dem Glas), 1 Kästchen Kresse, 200 g ausgelöste Nordseekrabben
SAUCE: 4 El Mayonnaise, 3 EL Quark, 3 EL Milch, 1 EL Essig, 1 TL Curry, Salz

1 Die einzelnen Blätter von den Chicoréekolben ablösen, waschen, trockentupfen und in Streifen schneiden. Die Senfgurke ebenfalls in feine Streifen schneiden. Die Kresseblätter mit einer Schere am Wurzelende abschneiden. Alles mit den Krabben in einer Schüssel locker vermischen.
2 Für die Sauce Mayonnaise, Quark, Milch, Essig, Curry und Salz glatt verrühren.
3 Die Sauce über die Salatzutaten in der Schüssel gießen und leicht unterheben. Den Salat auf Portionstellern servieren.
Beilage: Walnußbrot oder Vollkornbrötchen

Anstelle der Krabben kann man auch Krevetten oder in Stückchen geschnittene Scampischwänze verwenden, die besonders gut schmecken, wenn sie frisch gekocht und noch lauwarm sind.

Mit einem scharfen Messer die Grapefruitfilets aus den Trennhäuten herauslösen.

Zitrussalat mit Oliventoast

◎ Für 4 Personen
◎ Pro Portion: ca. 370 kcal

2 Grapefruits, 2 rosa Grapefruits, 1 rote Zwiebel, ½ TL Dijonsenf, Salz, Pfeffer aus der Mühle
OLIVENTOASTS: 150 g schwarze entkernte Oliven, 2 Sardellenfilets, 1 EL Kapern, 3 EL kaltgepreßtes Olivenöl, schwarzer Pfeffer, 1 Prise Thymian, 1 EL Zitronensaft, 4 Scheiben Toastbrot

1 Von den Grapefruits einen Deckel so abschneiden, daß das Fruchtfleisch zum Vorschein kommt. Mit einem scharfen Messer die Schale von oben nach unten so abschaben, daß alle weißen Häutchen ebenfalls entfernt werden. Mit dem Messer die Filets aus den Trennhäuten herauslösen. Den Saft auffangen.

2 Die Zwiebel schälen, halbieren und in feine Streifen schneiden.

3 Den Saft mit dem Senf verrühren und mit Salz und Pfeffer abschmecken. Mit den Grapefruitfilets und den Zwiebeln mischen und kalt stellen.

4 Die Oliven kleinschneiden und mit den Sardellen, den Kapern und dem Olivenöl im Mixer pürieren. Mit Pfeffer, Thymian und Zitronensaft abschmecken.

5 Das Brot toasten, zu Dreiecken halbieren und das Olivenpüree darauf verteilen.

6 Den Salat in Schüsselchen anrichten und mit Oliventoast servieren.

Löwenzahnsalat mit Knoblauch-Croûtons

◎ Für 4 Personen
◎ Pro Portion: ca. 210 kcal

4 Löwenzahnpflanzen, oder 4 Handvoll junge Löwenzahnblätter, 1 Schalotte
VINAIGRETTE: 2 EL Weinessig, Salz, schwarzer Pfeffer aus der Mühle, 2 EL Olivenöl, 2 EL Maiskeimöl
CROÛTONS: 2 Scheiben Weißbrot, 2 Knoblauchzehen, 2 EL Öl zum Braten

Die Löwenzahnpflanzen am unteren Ende abschneiden und die welken Außenblätter entfernen.

1 Die Löwenzahnpflanzen am unteren Ende abschneiden und die welken Außenblätter entfernen, Löwenzahnblätter unter fließendem Wasser gründlich waschen, in einem Salatsieb trockenschleudern und in Viertel zerschneiden.

2 Die geschälte Schalotte in kleine Würfel schneiden und mit dem Salat in eine Schüssel oder auf Teller geben.

3 Für die Vinaigrette den Essig mit Salz und Pfeffer verrühren, bis sich das Salz aufgelöst hat. Unter Rühren nach und nach die beiden Ölsorten hinzufügen.

4 Für die Croûtons das Brot entrinden, mit dem Saft der geschälten, durchgeschnittenen Knoblauchzehen einreiben und anschließend in kleine Würfel schneiden. In einer Pfanne das Öl erhitzen und die Brotwürfel darin goldbraun rösten.

5 Die Salatsauce erst kurz vor dem Servieren über den Salat verteilen und die heißen Brotwürfel hinzufügen.

Die Bohnen für einige Sekunden in eine Schüssel mit Eiswasser geben.

Bohnensalat mit Spargel

◎ Für 4 Personen
◎ Pro Portion: ca. 205 kcal

350 g ganz zarte grüne Bohnen (haricots verts), ½ TL Salz, 24 Spargelspitzen (frisch oder aus der Dose), 8 schöne Salatblätter, 1–2 schwarze Trüffeln (frisch oder aus der Dose), 4 Scheiben Gänseleber-parfait (je ca. 50 g vom Feinkosthändler)
VINAIGRETTE: 2 TL Zitronensaft, Salz, weißer Pfeffer aus der Mühle, 2 EL Erdnußöl, 2 EL Olivenöl, 2 TL Sherry- oder Weinessig, 2 TL gehackter Kerbel, 2 TL gehackter Estragon

1 Die Bohnen waschen und Spitze und Stielende abschneiden. Reichlich Wasser mit dem Salz zum Kochen bringen und die Bohnen darin je nach Größe in 5–8 Minuten al dente kochen.

2 Mit einem Schaumlöffel herausnehmen und für einige Sekunden in eine Schüssel mit eisgekühltem Wasser geben. Dann auf einem Sieb abtropfen lassen.

3 Frische Spargelspitzen nach der gleichen Kochmethode zubereiten, Spargelspitzen aus der Dose nur auf einem Sieb abtropfen lassen.

4 Die Salatblätter waschen. Die Trüffel putzen, in Scheiben schneiden und in eine Schüssel geben.

5 Für die Vinaigrette den Zitronensaft mit Salz und Pfeffer gründlich vermischen und unter Rühren mit einem Schneebesen beide Ölsorten hinzufügen. Zum Schluß den Essig und die Kräuter an die Vinaigrette geben.

6 Eine Salatplatte oder Teller mit den Salatblättern auslegen. Die Bohnen und die

Spargelspitzen daneben anrichten. Einen Löffel der Vinaigrette zu den Trüffelscheiben geben, die restliche Vinaigrette über den Salat gießen.

7 Die Gänseleberscheiben in die Mitte des Salats legen und mit den Trüffelscheiben garnieren.

Tomatensalat mit Knoblauch und Mozzarella

◎ Für 4 Personen
◎ Pro Portion: ca. 285 kcal

4 Fleischtomaten, 6 Knoblauchzehen, 300 g Mozzarella, 4 EL Sesamöl, 2 EL Rotweinessig, Salz, schwarzer Pfeffer aus der Mühle, 1 TL Ahornsirup, 1 Bund Basilikum, 1 EL Sesamsaat

1 Die Tomaten waschen, halbieren und die Stielansätze entfernen; die Hälften in Scheiben schneiden. Auf Portionsteller legen.

2 Die Knoblauchzehen schälen und fein schneiden. Über den Tomaten verteilen. Mozzarella in Scheiben schneiden, auf den Tomaten anordnen.

3 Aus Öl, Essig, Salz, Pfeffer und Ahornsirup eine Marinade rühren und über den Salat träufeln.

4 Basilikumblättchen abzupfen, grob hacken und über den Salat streuen.

5 Sesamsaat in einer trockenen Pfanne rösten und über den Salat geben.

Bereiten Sie diesen schönen Salat zu, wenn Sie frischen Knoblauch bekommen. Achten Sie beim Einkauf darauf, daß die Haut nicht gelb oder grau verfärbt, sondern weiß oder zartviolett ist.

Die Paprikaschoten nach dem Backen mit einem Küchentuch bedeckt abkühlen lassen.

Geflügelsalat mit Mais und Paprika

◎ Für 4 Personen
◎ Pro Portion: ca. 600 kcal

1 gegartes Brathähnchen (ca. 900 g), 1 rote Paprikaschote, 1 grüne Paprikaschote, 1 kleine Zwiebel, 1 Knoblauchzehe, 1 kleine Dose Maiskörner
MARINADE: Salz, 1 EL Tomatenketchup, 1/2 TL Paprikamark, schwarzer Pfeffer aus der Mühle, 2 EL Rotweinessig, 2 EL Öl, 1 EL gehackte Petersilie zum Bestreuen

1 Den Backofen auf 250 °C vorheizen. Das Hähnchen enthäuten, entbeinen und das Geflügelfleisch in Würfel schneiden.

2 Die Paprikaschoten waschen und auf einem Backblech auf der mittleren Schiene so lange in den Backofen geben, bis die Haut dunkelbraun wird und platzt. Das dauert zwischen 10–15 Minuten. Die Schoten zwischendurch wenden. Die Schoten mit einem Küchentuch bedeckt abkühlen lassen.

3 Zwiebel und Knoblauchzehe schälen und fein hacken. Die Paprikaschoten häuten, halbieren und Stengelansätze sowie Kerne entfernen. Die Paprika würfeln und mit den Maiskörnern, den Zwiebel- und Knoblauchwürfeln vermischen.

4 Für die Mariande alle Zutaten miteinander verquirlen und mit den Salatzutaten gründlich vermischen. Den Salat mindestens 30 Minuten durchziehen lassen. Auf Tellern (evtl. auf einem Salatbett) anrichten und mit Petersilie bestreut servieren.

Thunfisch-Tomaten-Salat

- Für 4 Personen
- Pro Portion: ca. 320 kcal

300 g Thunfisch (naturell aus der Dose), 4 kleinere Fleischtomaten, 2 mittelgroße Zwiebeln, 1 säuerlicher Apfel, 2 EL Estragonessig, 6 EL Olivenöl, Salz, 1 Prise Zucker, weißer Pfeffer aus der Mühle, 1 Bund glatte Petersilie, 50 g schwarze Oliven, einige schöne Salatblätter

1 Den Thunfisch aus der Dose abtropfen lassen und mit einer Gabel leicht zerpflücken. In eine Schüssel geben.

2 Die Tomaten waschen, die Stielansätze entfernen und die Früchte in Achtel schneiden. Die Zwiebel abziehen, halbieren und in Halbmonde teilen. Den Apfel dünn schälen, vierteln, die Kerne entfernen und die Spalten in dünne Scheiben schneiden. Alles zum Fisch geben.

3 Essig mit Öl, Salz, Zucker und Pfeffer verrühren und über den Salat träufeln. Die Petersilie waschen, trockenschwenken und grob hacken. Zusammen mit den Oliven unter den Salat mischen. Teller mit den Salatblättern auslegen und den Salat darauf anrichten.

Beilage: knuspriges Weißbrot

Verwenden Sie glatte Petersilie, sie ist aromatischer als krause. Apart schmeckt der Salat, wenn Sie ihn mit frischen Zitronenthymianblättchen bestreuen.

Den Friséesalat zusammen mit den Schalotten in eine Schüssel füllen.

Die gebratenen Krabben mit gehackter Zitronenmelisse bestreuen.

Friséesalat mit Knoblauchkrabben

◎ Für 4 Personen
◎ Pro Portion: ca. 195 kcal

1 kleiner Friséesalat, 2 Schalotten, fein gehackt
MARINADE: Saft von 1½ Zitronen, 1 TL scharfer Senf, Salz, weißer Pfeffer aus der Mühle, 7 EL Sojaöl
AUSSERDEM: 1 Bund Zitronenmelisse, abgezupft, 4–5 Knoblauchzehen, 200 Krabben (Tiefseegarnelen)

1 Den Friséesalat von den äußeren Blättern befreien, zerteilen und große Blätter zerzupfen. Den Salat waschen und in einer Salatschleuder trockenschleudern. Den Salat mit den Schalotten in eine Schüssel füllen.

2 Für die Marinade den Zitronensaft mit dem Senf, Salz und Pfeffer in einer Schüssel gut verrühren. Die Hälfte des Sojaöls in sehr feinem Strahl dazufließen lassen und ständig mit dem Schneebesen schlagen, bis eine cremige Sauce entstanden ist.

3 Die Marinade über den Salat gießen. Die Hälfte der Zitronenmelisse zufügen und alles mischen. Auf 4 Teller verteilen.

4 Das restliche Öl in einer Pfanne erhitzen. Die geschälten Knoblauchzehen durch die Presse dazudrücken. Die Krabben zufügen und bei mittlerer Hitze 6–7 Minuten braten.

5 Die restliche Zitronenmelisse fein hacken und unter die Krabben mischen. Die Krabben auf dem Friséesalat verteilen.

Beilage: getoastetes Graubrot mit Butter.

Marinierte Mozzarella auf Radicchio

◎ Für 4 Personen
◎ Pro Portion: ca. 335 kcal

2 Kugeln Mozzarella (je ca. 150 g)
MARINADE: 1 EL rosa Pfeffer, 2 Knoblauchzehen, 4 EL Weißweinessig, 6 EL Olivenöl, extra vergine, 1 TL frische Thymianblättchen, 1 TL frische Oreganoblättchen
AUSSERDEM: ½ Salatgurke, 1 kleiner Kopf Radicchio

1 Die Mozzarellakugeln in Würfel von ½ cm Kantenlänge schneiden und in eine Salatschüssel füllen.

2 Für die Marinade den rosa Pfeffer in einem Mörser grob zerstoßen. Den geschälten Knoblauch durch die Presse dazudrücken. Weißweinessig, Olivenöl, Thymian und Oregano untermischen. Die Sauce über die Mozzarellawürfel gießen und 10 Minuten ziehen lassen, mehrmals vorsichtig wenden.

3 Die Gurke schälen und mit einem Eßlöffel vorsichtig entkernen. Das Fruchtfleisch ebenso groß wie die Käsewürfel schneiden und unter die Mozzarellawürfel mischen.

4 Den Radicchio putzen, waschen, trockentupfen und die äußeren großen Blätter als Bett auf 4 Teller legen. Die kleinen Blätter in feine Streifen schneiden und mit den Mozzarella-Gurken-Würfeln mischen. Nochmals abschmecken und auf den Blättern verteilen.

Beilage: Vollkornbrötchen

Der rosa Pfeffer gibt der Marinade den besonderen Pfiff. Er ist gefriergetrocknet erhältlich. Rosa Pfeffer ist botanisch gar kein Pfeffer, sondern es sind Körner einer Baumfrucht.

Die Rinderbrust wird zusammen mit Suppengemüse gekocht. Das abgekühlte Fleisch in dünne Scheiben schneiden.

Bataviasalat mit gekochter Rinderbrust

◎ Für 4–6 Personen
◎ Pro Portion bei 6 Personen: ca. 330 kcal

8 kleine, festkochende Kartoffeln, Kümmel, 3 EL Öl, Salz, 2 kleine Köpfe Bataviasalat, 1 Bund Radieschen, 200 g gekochte Rinderbrust in dünnen Scheiben
VINAIGRETTE: Salz, 4 cl Weißweinessig, 1/8 l Rinderfond, 8 cl Erdnußöl, weißer Pfeffer aus der Mühle, 1 Bund Radieschen

1 Die Kartoffeln waschen und mit Kümmel garen. Kurz abdampfen lassen und die Haut abziehen. Das Öl in einer beschichteten Pfanne erhitzen, die Kartoffeln zugeben, salzen und knusprig braten, dann warm stellen.

2 Den Salat putzen, waschen und in einem Salatsieb trockenschleudern. Die inneren kleinen Blätter ganz belassen, die größeren in Streifen schneiden. Die Radieschen putzen, waschen und in feine Scheiben schneiden.

3 Für die Vinaigrette Salz, Essig, Brühe und Öl miteinander verquirlen. Die geputzten, gewaschenen Radieschen ganz fein hacken und untermischen. Salatstreifen, Radieschenscheiben und die gebratenen Kartoffeln getrennt in zwei Dritteln der Vinaigrette marinieren.

4 Vier Teller mit den ganz belassenen Salatblättern auslegen. Die Salatzutaten darauf anrichten, mit den Rinderbrustscheiben belegen und mit der restlichen Vinaigrette beträufeln.

Beilage: Bauernbrot oder Vollkornbrötchen

Feldsalat mit Bündnerfleisch und Parmesanspänen

◎ Für 4 Personen
◎ Pro Portion: ca. 265 kcal

150 g Feldsalat, 100 g Bündnerfleisch
MARINADE: 3 EL Weißweinessig, Salz, schwarzer Pfeffer aus der Mühle, 5 EL Walnußöl, 2 Schalotten, fein gehackt
AUSSERDEM: 1 EL Sesam, 50 g Parmesan am Stück

Verwenden Sie für diese köstliche Kombination auch mal Rucola anstelle von Feldsalat.

1 Den Feldsalat putzen, mehrmals waschen, da sich oft Sand zwischen den Blättern versteckt, und in einer Salatschleuder trockenschleudern.

2 Das Bündnerfleisch in schmale Streifen schneiden. Den Weißweinessig mit Salz und Pfeffer verrühren, bis sich das Salz aufgelöst hat. Dann erst das Walnußöl in feinem Strahl dazufließen lassen und dabei ständig mit dem Schneebesen schlagen, bis die Sauce cremig geworden ist. Die Schalottenwürfel einstreuen.

3 Den Sesam in einer trockenen, beschichteten Pfanne goldgelb rösten, in die Salatsauce streuen. Den Feldsalat gründlich in der Sauce wenden. Das Bündnerfleisch untermischen.

4 Den Salat auf 4 Teller verteilen und den Parmesan mit dem Gurkenhobel (oder Trüffelhobel) über den Salat in Spänen abhobeln.

Beilage: getoastetes Bauernbrot und Butter

Carpaccio vom Rinderfilet mit Eichblattsalat

◎ Für 4 Personen
◎ Pro Portion: ca. 550 kcal

1 Kopf Eichblattsalat, 4 vollreife Baumtomaten
VINAIGRETTE: Salz, weißer Pfeffer aus der Mühle, 1 EL alter Aceto Balsamico, 1–2 EL Schalottenessig, 8 EL Olivenöl, 4 kleine Schalotten, gehackt, 1 Bund Schnittlauch, fein geschnitten
AUSSERDEM: 200 g leicht angefrorenes Rinderfilet, 80 g geröstete Mandelblättchen

1 Die Salatblätter ablösen, in kleine Stücke pflücken, kurz waschen und trockenschleudern. Von den Baumtomaten die Haut abziehen. Die Früchte in Scheiben schneiden.

2 Für die Vinaigrette Salz, Pfeffer und die Essigsorten verrühren, bis sich das Salz gelöst hat. Dann unter weiterem Rühren das Öl dazugießen. 2 Eßlöffel von der Vinaigrette abnehmen und den Eichblattsalat damit anmachen. Unter die restliche Salatsauce die Schalottenwürfel und den Schnittlauch mischen.

3 Das Rinderfilet in dünne Scheiben schneiden und zwischen zwei Gefrierbeuteln mit der glatten Seite des Fleischklopfers plattklopfen. Sofort auf 4 Tellern anordnen und mit der Schalottenvinaigrette beträufeln.

4 Den Salat in der Mitte anrichten, die Baumtomatenscheiben dazwischen stecken und alles mit den Mandelblättchen bestreuen.

Beilage: knuspriges Weißbrot

Baumtomaten (Tamarillos) schmecken nur geschält. Man kann die Früchte wie Tomaten, also herzhaft, verwenden, aber auch zu Süßspeisen. Tamarillos werden vorwiegend aus Südamerika, Kenia und Neuseeland importiert. Sie sind ganzjährig zu bekommen, sollten aber nach dem Einkauf möglichst bald verwendet werden.

Lollo Rosso mit Pilzen und Minzesahne

◎ Für 4 Personen
◎ Pro Portion: ca. 345 kcal

2 kleine Köpfe Lollo Rosso, 16 große, braune Egerlinge
VINAIGRETTE: Salz, weißer Pfeffer aus der Mühle, 1–2 EL Weinessig, 5 EL Olivenöl
MINZESAHNE: 1 unbehandelte Zitrone, 150 g Crème fraîche, ca. 15 feingeschnittene Minzeblätter, Salz, weißer Pfeffer aus der Mühle, 2 EL geschlagene Sahne, Minzeblätter zum Garnieren

1 Den Salat putzen, waschen und in einem Salatsieb trockenschleudern. Die Champignons putzen, nur wenn nötig, waschen, und in feine Scheiben schneiden.

2 Für die Vinaigrette Salz, Pfeffer und Essig verrühren, das Öl hinzufügen und den Salat sowie die Pilze getrennt mit der Vinaigrette marinieren.

3 Für die Minzesahne die Zitrone waschen, hauchdünn schälen und die Schale fein hakken. Dann die Frucht halbieren und den Saft auspressen. Schale und Saft mit Crème fraîche vermischen, die Minze hinzugeben und mit Salz und Pfeffer würzig abschmecken. Zum Schluß die Sahne unterziehen.

4 Jeweils in die Mitte der Teller einen Klecks Minzesahne geben und diese mit rosettenförmig angeordneten Lollo-Rosso-Blättern umkränzen. Die Pilzscheiben dazwischen anordnen und mit Minze garnieren.

Die Minzesahne gelingt besonders gut, wenn sie mit einem Pürierstab hergestellt wird.

HÄPPCHEN & SNACKS

Auberginenkrapfen mit Lachs (Rezept Seite 50)

Camembert gebacken

◎ Für 4 Personen
◎ Pro Portion: ca. 445 kcal

4 quadratische oder ovale Camemberts, 10 g Paprika edelsüß, 30 g Mehl, 1 Ei, 2 Eßlöffel Semmelbrösel, 40 g Butter zum Backen (oder Öl zum Fritieren)

1 Käsekruste vorsichtig abschaben, ohne die Kruste völlig abzunehmen. Camembert ganz lassen oder in Portionsstücke teilen. Zuerst in Paprika, dann in Mehl, in verquirltem Ei und zum Schluß in Semmelbrösel wenden.

2 Butter in der Pfanne erhitzen. Camembert auf jeder Seite 5 Minuten braten. Oder im heißen Öl fritieren. Der Camembert soll goldgelb und richtig knusprig sein.

Beilage: Kopfsalat in Zitronenmarinade

Wenn Sie den Camembert in heißem Fett ausbacken, fritieren Sie gleichzeitig Petersilie mit. Sie muß nach dem Waschen sehr gut abgetrocknet werden, sonst spritzt das Fett. Petersiliensträußchen ganz kurz ins heiße Fett geben. Gut abtropfen lassen. Mit Camembert zusammen anrichten. Die fritierte Petersilie ist ein ganz köstlicher Genuß.

Partyhappen

◎ Für ca. 30 Stück
◎ Pro Stück: ca. 30 kcal

250 g Kirsch- bzw. Cocktailtomaten, 50 g frischgeriebener Parmesan, 4 EL Mehl, 1 Ei, 6 EL trockener Weißwein oder Sekt, 1 Prise Salz, 1 Msp. Cayennepfeffer, Soja- oder Sonnenblumenöl zum Fritieren

1 Die Tomaten überbrühen, kalt abschrecken und häuten. In dem geriebenen Käse wälzen und kühl stellen.

2 Das Mehl mit dem Ei und Wein glatt verrühren. 5 Minuten ruhen lassen. Mit Salz und Cayennepfeffer würzen.

3 Die Tomaten einzeln auf eine Gabel legen und in den Teig tauchen. Gut abtropfen lassen und schwimmend in dem erhitzen Öl goldbraun ausbacken. Mit einer Schaumkelle herausheben und auf Küchenkrepp abtropfen lassen. Auf Zahnstocher spießen und heiß servieren.

Feigen mit Kressecreme

- Für 4 Personen
- Pro Portion: ca. 250 kcal

75 g Gorgonzola (oder ein anderer Blauschimmelkäse), 1 kleine Packung Doppelrahmfrischkäse (62,5 g), 2–3 EL Sahne, 1 Tasse Kresse (aus 1 EL Samen), Salz, weißer Pfeffer aus der Mühle, 8 frische Feigen, 3 EL Sonnenblumen- oder Kürbissprossen (aus 10 g Samen)

1 Den Gorgonzola mit einer Gabel zerdrücken und mit Frischkäse und Sahne glattrühren. Kresse untermischen und mit Salz und Pfeffer abschmecken.

2 Die Feigen waschen und halbieren. Die Käsecreme in einen Spritzbeutel füllen und mit einer Sterntülle Rosetten auf die Feigen spritzen.

3 Die Sonnenblumen- oder Kürbissprossen in einer Pfanne ohne Fettzugabe kurz rösten. Dann über die Feigen streuen.

Beilage: gemischter Salat und Baguette

Die Käsecreme schmeckt auch auf halbierten Datteln oder Birnen. Als Garnitur eignen sich außerdem auch Pinien- oder Walnußkerne.

Gegrillter Schafskäse mit Knoblauch

◎ Für 4 Personen
◎ Pro Portion: 320 kcal

3 Knoblauchzehen, 2 EL Olivenöl, 300 g Schafskäse, 4 mittelgroße Tomaten, schwarzer Pfeffer aus der Mühle, Salz, 1 Bund Basilikum

1 Die Knoblauchzehen schälen und mit der Knoblauchpresse in das Olivenöl drücken.

2 Den Schafskäse mit einem scharfen Messer in $^{1}/_{2}$ cm dicke Scheiben schneiden. Mit der Hälfte des Knoblauchöls beträufeln.

3 Die Tomaten waschen, trockentupfen und ein Käppchen mit den Stielansätzen abschneiden. Mit Pfeffer aus der Mühle und Salz bestreuen. Mit dem restlichen Knoblauchöl beträufeln.

4 Die Schafskäsescheiben auf eine feuerfeste Platte legen, die Tomaten daraufsetzen und die Platte unter den vorgeheizten Grill schieben. Etwa 5–6 Minuten grillen.

5 Das Basilikum waschen, die Blätter abzupfen und in Streifen schneiden. Den gegrillten Käse und die Tomaten damit bestreuen.

Die Tomaten sollten vollreif, aber noch fest sein. Reichen Sie zu diesem schönen Imbiß zusätzlich in Kräuteröl eingelegte Oliven und knuspriges Weißbrot.

Tomaten mit Thunfischfüllung

◎ Für 4 Personen
◎ Pro Portion: ca. 165 kcal

4 mittelgroße Fleischtomaten (ca. 600 g), 2 Dosen Thunfisch naturell, (je ca. 140 g Abtropfgewicht), 3 EL Crème fraîche, Saft von ½ Zitrone, 2 Kästchen Kresse, Salz, weißer Pfeffer aus der Mühle, 1 TL Meerrettich (aus dem Glas)

1 Die Tomaten waschen, dann einen Deckel abschneiden, davon den Stengelansatz entfernen. Die Kerne mit einem Teelöffel herausnehmen, dann das weiche Fruchtfleisch. Die Deckel und das Fruchtfleisch kleinschneiden.

2 Den Thunfisch in einem Sieb kurz abtropfen lassen, dann in einer Schüssel mit einer Gabel zerdrücken. Die Tomatenstückchen zufügen und mit der Crème fraîche und dem Zitronensaft zu einer geschmeidigen Masse verrühren.

3 Die Kresse abbrausen und die Blättchen mit einer Schere über der Schüssel abschneiden und unterheben. Die Mischung mit Salz, Pfeffer und Meerettich kräftig abschmecken.

4 Die Tomaten innen salzen, pfeffern und mit der Thunfischcreme füllen.

Beilage: Landbrot und Butter

Parmatrüffel

◎ Für 6 Personen
◎ Pro Portion: ca. 515 kcal

300 g Pumpernickel, 150 g Butter, 200 g Parmesan, frisch gerieben, 5 cl Whisky, 1 Msp. Cayennepfeffer, 100 g Walnußhälften

Genießen Sie die Parmatrüffel solo oder zusammen mit anderen Snacks zu einem Glas Rotwein.

1 Den Pumpernickel in Brösel zerkleinern. Die Butter schaumig rühren und mit 200 g Pumpernickelbrösel, dem Parmesan und dem Whisky vermischen. Mit Cayennepfeffer abschmecken und etwas durchziehen lassen.

2 Aus der Masse kleine Kugeln formen. Die restlichen Pumpernickelbrösel auf einen Teller geben und die Kugeln darin wenden. Mit je einer Walnußhälfte besetzen. Vor dem Auftragen 1 Stunde in den Kühlschrank stellen.

Ausgebackene Champignons

◎ Für 4 Personen
◎ Pro Portion: ca. 215 kcal

500 g kleine, geschlossene Champignons, Butterschmalz oder Öl zum Ausbacken, 4 EL Mehl, 2 Eier, Salz, 100 g Semmelbrösel, einige Stengel Petersilie, Zitronenachtel

1 Die Champignons sorgfältig putzen, möglichst nicht waschen, höchstens kurz abduschen und mit Küchenpapier sorgfältig abtrocknen.

2 Reichlich Fett in einer hochwandigen Pfanne oder Friteuse erhitzen.

3 Die Champignons zuerst in Mehl, dann in den mit Salz verquirlten Eiern und zum Schluß in den Semmelbröseln wenden.

4 In dem heißen Fett goldgelb ausbacken. Mit einem Schaumlöffel herausnehmen und einen Augenblick auf Küchenpapier abtropfen lassen. Die Petersilie ebenfalls knusprig ausbacken.

5 Die Champignons mit der Petersilie und Zitronenachteln auf einer Platte anrichten. Heiß auftragen.

Beilage: Remouladensauce und Weißbrot

Ziegenkäse in Knoblauchmarinade

- Für 4–6 Personen
- Insgesamt ca. 3650 kcal

8 Knoblauchzehen, 50 g Schalotten, 400 g runder Ziegenkäse, 2 Thymianzweige, 2 Salbeiblätter, 1 zerriebenes Lorbeerblatt, grob zerstoßener schwarzer Pfeffer, 1/4 l Olivenöl

1 Die Knoblauchzehen und die Schalotten schälen. Den Knoblauch in Scheibchen, die Schalotten in Ringe schneiden.

2 Den Ziegenkäse in dicke Scheiben teilen. In einen Steinguttopf oder ein Glas schichten, Knoblauch, Schalotten, Kräuter und Pfeffer dazugeben. Das Öl darübergießen.

Der Käse sollte 2 Tage durchziehen und kann dann zu geröstetem Vollkorn – oder Knoblauchbrot serviert werden. Er paßt außerdem vorzüglich auf jedes Vorspeisenbuffet. Da Ziegenkäse nicht jedermanns Sache ist, kann man das Rezept auch abwandeln und statt dessen Schafskäse nehmen. Das Olivenöl sollte übrigens von besonders guter Qualität sein.

Gefüllte Eier

◎ Für 8 Personen
◎ Kräuterfüllung pro Portion: ca. 145 kcal
◎ Schinkenfüllung pro Portion: ca. 135 kcal

8 hartgekochte Eier
KRÄUTERFÜLLUNG: 2 gewässerte Sardellen, 1 EL Öl, 2 EL Sahne, 1 TL Meerrettich (aus dem Glas), 1 EL feingehackte Kräuter (Kresse, Dill, Schnittlauch, Kerbel), Kresse zum Garnieren
SCHINKENFÜLLUNG: 50 g roher oder gekochter Schinken, 3 EL Mayonnaise, 1/2 TL Senf, Salz, 1 Msp. Paprikapulver, Paprikastreifen zum Garnieren

1 Die erkalteten Eier schälen und halbieren. Die Eidotter vorsichtig mit einem Teelöffel herausnehmen und durch ein Sieb streichen.

2 Für die Kräuterfüllung die Sardellen fein wiegen. 4 Eigelb mit Öl und Sahne zu einer glatten Creme verrühren. Sardellen, Meerrettich und die Kräuter hinzufügen. In einen Spritzbeutel mit breiter Tülle füllen und in 8 Eiweißhälften spritzen. Mit Kresse garnieren.

3 Für die Schinkenfüllung den Schinken sehr fein wiegen oder im Mixer pürieren. Die restlichen Eigelb mit der Mayonnaise, Senf und Salz zu einer glatten Creme verrühren. Das Schinkenpüree hinzufügen und mit Paprikapulver würzen. In einen Spritzbeutel mit breiter Tülle füllen und in die übrigen Eiweißhälften spritzen. Mit Paprikastreifen garnieren.

4 Die Eier auf einer eventuell mit Salatblätter ausgelegen Platte hübsch anrichten.

Beilage: Vollkornbrot mit frischer Butter

Ein weiterer Füllungsvorschlag: 1 EL Kapern und 2 EL in Öl eingelegten Thunfisch ganz fein wiegen oder pürieren. Die hartgekochten Eigelb mit 2 EL Öl zu einer glatten Creme verrühren und mit der abgeriebenen Schale und dem Saft von 1/2 unbehandelten Zitrone, etwas Salz und der Thunfisch–Kapern–Creme mischen. Füllung in einen Spritzbeutel mit breiter Tülle füllen und in die Eiweißhälften spritzen. Mit Kapern oder Olivenscheiben garniert anrichten.

Matjestatar auf Apfelscheiben

◎ Für 2–4 Personen
◎ Pro Portion bei 4 Personen: ca. 170 kcal

1 kleiner Apfel (Cox Orange), 1 Fleischtomate, 1 kleine Zwiebel, 1 mittelgroße Essiggurke, 2 zarte Matjesfilets (je ca. 80 g), 1 TL gehackter Dill, 1 EL Salatmayonnaise (50%), schwarzer Pfeffer aus der Mühle, 1 großer, säuerlicher Apfel, 4 Zweige Dill

1 Den kleinen Apfel schälen, halbieren und das Kernhaus entfernen. Die Tomaten kurz blanchieren, die Haut abziehen und Stengelansätze und Kerne entfernen. Apfel, Tomate, geschälte Zwiebel und Essiggurke würfeln.

2 Die Matjesfilets mit einem Wiegemesser oder einem breiten Messer fein wiegen, mit den kleingeschnittenen Zutaten und dem Dill vermischen. Die Salatmayonnaise unterrühren. Würzig mit Pfeffer abschmecken.

3 Den großen Apfel schälen, das Kerngehäuse ausstechen und den Apfel in 1 cm dicke Scheiben schneiden.

4 Auf jede Apfelscheibe vorsichtig einen Eßlöffel Matjestatar häufen und dieses mit einem Dillzweig garnieren.

Beilage: Pumpernickel mit Butter oder Bratkartoffeln

Man kann das Tatar auch auf Vollkornbrot anrichten. Je zarter die Matjes, um so feiner das Tatar.

Die Gurke so schälen, daß immer wieder ein grüner Streifen bleibt.

Mit einem Löffel den Gemüsequark in einen Spritzbeutel mit großer Tülle füllen.

Gurkenschiffchen mit Gemüsequark

◎ Für 2 Personen
◎ Pro Portion:ca. 190 kcal

1 Mini–Salatgurke, Salz, schwarzer Pfeffer aus der Mühle, 250 g Magerquark, 2 EL Sahne, 1 kleine Schalotte, 1/2 Knoblauchzehe, 1/2 kleine rote Paprikaschote, 1/2 kleine grüne Paprikaschote, 1 kleine Möhre, 1 Kästchen Kresse, 1 Msp. Estragonsenf

1 Die Gurke waschen und mit einem Gurkenschäler so schälen, daß immer wieder ein grüner Streifen bleibt. Die Mini-Gurke halbieren, mit einem Teelöffel die Kerne herausschaben. Die Gurke leicht salzen und pfeffern.

2 Den Quark mit der Sahne cremig rühren. Schalotte und Knoblauchzehe schälen und fein hacken. Die gewaschenen Paprikaschoten in winzige Würfel schneiden. Die Möhre waschen, schaben und auf der Rohkostreibe fein raspeln. Die Kresse abschneiden, in ein Sieb geben und kurz waschen. Die Hälfte davon hacken, mit dem Gemüse unter den Quark mischen und mit Estragonsenf, Salz und Pfeffer würzen.

3 Gemüsequark in einen Spritzbeutel mit großer Tülle füllen und in die ausgehöhlten Mulden der Salatgurken spritzen. Mit der restlichen Kresse garnieren.

Speckdatteln mit scharfer Sauce

◎ Für 4 Personen
◎ Pro Portion: ca. 565 kcal

1 große rote Paprikaschote, 3 EL Olivenöl, 1 Zwiebel, fein gehackt, 1 TL Paprika, edelsüß, 1 Prise Cayennepfeffer, 2 EL Tomatenmark, Salz, schwarzer Pfeffer aus der Mühle, 15 Scheiben durchwachsener geräucherter Speck (ca. 150 g), 24 frische Datteln, 24 Holzspießchen

1 Die Paprikaschote waschen, halbieren und vom Kernhaus befreien. Die Hälften nochmals längs teilen, dann quer in schmale Streifen schneiden.

2 Das Olivenöl in einem Topf erhitzen. Paprikastreifen und Zwiebelwürfel 5 Minuten dünsten. Paprika und Cayennepfeffer unterrühren und anschwitzen. Das Tomatenmark zufügen, salzen, pfeffern und mit 1/8 l Wasser aufgießen. Zugedeckt 15 Minuten köcheln lassen.

3 Inzwischen die Speckscheiben von der Schwarte befreien und einmal quer halbieren. Die Datteln entsteinen und jede mit einer halben Speckscheibe umwickeln. Mit Holzspießchen feststecken. Eine beschichtete Pfanne erhitzen und die Speckdatteln bei mittlerer Hitze 8–10 Minuten knusprig braten, dabei wenden.

4 Die Paprikasauce nochmals abschmecken und so – oder im Mixer püriert – in eine kleine Saucenschüssel füllen.

5 Die Speckdatteln auf einer Platte anrichten, eventuell auf Salatblättern, das sieht sehr frisch aus, und die Paprikasauce dazu reichen.

Beilage: Landbrot oder Baguette

Die Datteln mit einem spitzen Messer aufschlitzen und entsteinen.

Eine halbe Speckscheibe um die Datteln wickeln und mit einem Holzspieß feststecken.

Die Pilzhüte nach dem Vorgaren füllen und in eine feuerfeste Form setzen.

Gefüllte Pilze

◎ Für 4 Personen
◎ Pro Portion: ca. 235 kcal

16 große Pilze, z. B. Steinpilze oder Champignons, Salz, 50 g durchwachsener geräucherter Speck, 1 EL Butter, 2 EL Petersilie, fein gehackt, 1 EL Kräuter (Majoran, Thymian, Rosmarin), gehackt, 2 Knoblauchzehen, 2 EL Weißbrotkrumen, 1 Ei, 1 EL Sahne, weißer Pfeffer aus der Mühle, Butter für die Form, 4 EL Fleischbrühe, 1 EL Olivenöl

1 Die Pilze putzen, kurz unter fließendem Wasser waschen und mit Küchenpapier abtrocknen. Die Stengel der Pilze vorsichtig aus den Hüten drehen und mit dem Wiegemesser fein hacken. Die Pilzhüte auf der gewölbten Seite geradeschneiden. Diese Abschnitte ebenfalls fein hacken.

2 2 l Salzwasser aufkochen. Die Pilzhüte hineingeben und kurz aufwallen lassen. Mit dem Schaumlöffel herausheben. Den Backofen auf 200 °C vorheizen.

3 Den Speck mit der Butter erhitzen. Die gehackten Pilze, alle Kräuter und den geschälten, durchgepreßten Knoblauch zugeben. Alle Zutaten dünsten, bis die austretende Flüssigkeit verdampft ist. Die Weißbrotkrumen daruntermischen.

4 Das Ei mit der Sahne gründlich verquirlen und an die Masse gießen. Mit Salz und Pfeffer abschmecken.

5 Eine flache, feuerfeste Form mit Butter bestreichen und die Fleischbrühe hineingießen. Die Pilzhüte mit der geradegeschnittenen Seite nach

unten hineinlegen. Mit der vorbereiteten Mischung füllen und mit dem Olivenöl beträufeln. Auf der mittleren Schiene des Backofens 25–30 Minuten backen. Während der ersten 10 Minuten mit Aluminiumfolie abdecken, damit die Füllung nicht zu schnell braun und trocken wird. Zu gedünstetem Blattspinat auf Risotto servieren. Oder solo auf einem Salatbett als kleinen Imbiß.

Zwiebelhäppchen

◎ Für 4 Personen
◎ Pro Portion: ca. 285 kcal

4 mittelgroße, milde Zwiebeln, 4 Scheiben Toastbrot, 2 EL Butter, 2 EL Mayonnaise (selbstgemacht), 150 g mittelalter Gouda oder Bergkäse, frisch gerieben

1 Den Backofen auf 200 °C vorheizen. Die geschälten Zwiebeln in dünne Scheiben schneiden. Die Toastscheiben diagonal durchschneiden, mit Butter bestreichen und mit den Zwiebelringen belegen. Mit Mayonnaise bestreichen und mit dem geriebenen Käse bestreuen.

2 Die Zwiebelhäppchen auf eine feuerfeste Platte legen und im Backofen überbacken, bis der Käse goldgelb ist. Sofort servieren.

Verwenden Sie für die Zwiebelhäppchen Gemüsezwiebeln oder weiße Sommerzwiebeln, beide sind saftig und mild.

Die Auberginen der Länge nach halbieren und mit Salz bestreuen.

Das Gemüse mit der Schnittfläche nach unten auf ein Backblech legen.

Auberginen, mit Käse überbacken

◎ Für 4 Personen
◎ Pro Portion: ca. 260 kcal

4 mittelgroße Auberginen, Salz, 2 EL weiches Butterschmalz, 150 g Halbhartkäse (z. B. Fontina oder Raclette), 2 Tomaten, 16 Basilikumblätter, 8 dünne Scheiben roher Schinken, schwarzer Pfeffer aus der Mühle

1 Die Auberginen längs halbieren. Die Schnittflächen mit etwas Salz bestreuen, damit die Bitterstoffe aus dem Gemüse gezogen werden, und ca. 15 Minuten ziehen lassen.

2 In der Zwischenzeit den Käse in 3 mm dicke Scheiben schneiden. Die Tomaten mit kochendheißem Wasser überbrühen, schälen und in Scheiben schneiden. 8 Basilikumblätter in feine Streifen schneiden. Den Backofen auf 220 °C vorheizen.

3 Ein großes Backblech mit Backfolie belegen und mit etwas Butterschmalz bestreichen.

4 Die Auberginen mit einem Küchenpapier gut abtupfen und mit den Schnittflächen nach unten auf das Backblech legen und 20 Minuten bei 220 °C backen.

5 Die Auberginen kurz aus dem Ofen nehmen, wenden und das Auberginenfleisch mit Butterschmalz bepinseln. Mit je einer Schinken- und 2 Tomatenscheiben belegen. Mit den Basilikumstreifen und mit ganz wenig Salz bestreuen. Die Käsescheiben darauflegen und die Auberginen

wieder in den Ofen schieben, bis der Käse schmilzt. Er darf keine Farbe annehmen.

6 Die Auberginen aus dem Ofen nehmen, auf vorgewärmten Tellern anrichten, mit je einem Basilikumblatt garnieren, mit viel Pfeffer bestreuen und servieren.

Krabbenhäppchen mit Sesam

◎ Für 4 Personen
◎ Pro Portion: ca. 380 kcal

200 g ausgelöste Krabben, 1/2 TL Salz, 2 TL Speisestärke, 1 EL Wasser, 2 Eiweiß, 3 Baguettebrötchen vom Vortag, 70 g Sesamkörner, Öl zum Ausbacken

1 Das Krabbenfleisch in einer Küchenmaschine nicht zu fein pürieren. Mit Salz, Speisestärke und Wasser vermischen. Die Eiweiße steif schlagen und gründlich unter das Krabbenpüree rühren.

2 Die Brötchen in dünne Scheiben schneiden. Jede Scheibe dick mit der Krabbenpaste bestreichen und von allen Seiten in den Sesamkörnern wenden.

3 Reichlich Öl in einer Pfanne erhitzen. Die Krabbenhäppchen in dem Öl – mit der Brotseite nach oben – 1 Minute ausbacken, wenden und eine weitere Minute backen. Aus dem Fett nehmen und abtropfen lassen. Heiß auftragen.

Anstelle von Krabben kann man auch Garnelen für dieses Rezept verwenden.

Die seitlich aufgeschlitzten Pflaumen mit kleinen Käsewürfeln füllen.

Käsepfläumchen

◎ Für 6–8 Personen
◎ Pro Portion bei 6 Personen: ca. 310 kcal

30 entkernte, große Backpflaumen, 150 g Schweizer Käse, 100 g dünne Scheiben geräucherter Speck

1 Den Backofen oder Grill auf 250 °C vorheizen. Die Backpflaumen kurz in lauwarmem Wasser einweichen und seitlich etwas aufschneiden. Den Käse in kleine Würfel schneiden und in die Backpflaumen füllen. Den Speck in Streifen schneiden und jede Pflaume in einen Streifen einwickeln.

2 Die Pflaumen unter dem Grill des Backofens auf der oberen Schiene kurz überbacken, bis der Speck schön kroß ist.

Windbeutel mit Paprikacreme

◎ Für 6–8 Personen
◎ Pro Portion bei 6 Personen: ca. 425 kcal

TEIG: 1/8 l Milch, 1/8 l Wasser, 1/2 TL Salz, 75 g Butter, 150 g Mehl, 5 Eier
CREME: 4 rote Paprikaschoten, 1/4 l Hühnerbrühe (aus Extrakt), Salz, 4 Blatt Gelatine, 250 g Sahne

1 Das Backblech mit Backpapier auslegen. Für den Teig Milch und Wasser mit Salz und Butter in einem Topf aufkochen. Das gesamte Mehl auf einmal in die kochende Flüssigkeit schütten.

Bei schwacher Hitze rühren, bis sich der Teigkloß vom Topfboden löst. Vom Herd nehmen und unter Rühren ein Ei nach dem anderen hinzufügen. Der Teig muß ganz glatt sein.

2 Den Backofen auf 200 °C vorheizen. Mit 2 Eßlöffeln 8 eigroße Teighäufchen auf das Backpapier setzen (von dem restlichen Teig nußgroße Teighäufchen backen, die mit süßer Schlagsahne gefüllt werden können), dabei genügend Zwischenraum lassen, da der Teig beim Backen noch aufgeht.

3 Das Blech auf die mittlere Schiene in den Backofen schieben. Die Windbeutel in etwa 25 Minuten goldgelb backen. Noch warm aufschneiden, so daß sie sich aufklappen lassen, aber noch zusammenhalten. Abkühlen lassen.

4 Für die Creme die gewaschenen Paprika im heißen Backofen (250 °C) grillen, bis die Haut zu platzen beginnt. Die Haut abziehen, den Deckel der Früchte mit den anhängenden weißen Samen abschneiden, und die Paprika in Stückchen schneiden. Diese in der Brühe ganz weich kochen.

5 Paprikastücke mit der Brühe kurz im Mixer pürieren. Herzhaft mit Salz abschmecken. Die Gelatine kalt einweichen, in etwas warmem Wasser auflösen und unter das Paprikapüree mischen. Völlig erkalten, aber nicht fest werden lassen. Die Sahne steif schlagen, mit dem Püree vermischen und leicht erstarren lassen. Dabei mit einem Schneebesen durchrühren.

6 Die Paprikacreme in einen Spritzbeutel füllen oder mit einem Löffel die unteren Hälften der Windbeutel mit der Paprikacreme füllen. Den Teigdeckel daraufsetzen und die Windbeutel 30 Minuten in den Kühlschrank stellen.

Die Paprikacreme mit einem Spritzbeutel auf die unteren Hälften der Windbeutel spritzen.

Folienkartoffeln mit Gorgonzolacreme und Kaviar

Sie können Folienkartoffeln auch mit Kräuter-Crème-fraîche und Räucherlachs servieren oder mit Krabben in Cocktailsauce.

◎ Für 4 Personen
◎ Pro Portion: ca. 540 kcal

8 große, mehligkochende Kartoffeln, 2 reife Avocados, 4 EL Crème fraîche, 100 g Quark, 60 g Gorgonzola, Saft von ½ Zitrone, 40 g Lachskaviar

1 Den Backofen auf 220 °C vorheizen. Die Kartoffeln sehr gründlich waschen. Mit Küchenpapier abtrocknen und jede Kartoffel auf ein quadratisches Stück Alufolie legen. Die 4 Ecken nach oben biegen und über den Kartoffeln fest zusammendrücken.

2 Die Päckchen auf den Backrost legen und auf der mittleren Schiene 50–60 Minuten garen.

3 In der Zwischenzeit die Avocados der Länge nach halbieren, den Kern entfernen und die Haut abziehen. Das Fruchtfleisch in Stücke schneiden und im Mixer pürieren.

4 Die Crème fraîche mit dem Quark verrühren. Den Gorgonzola mit einer Gabel zerdrücken und mit der Quarkmasse vermischen. Das Avocadomus unter die Masse rühren. Mit Zitronensaft abschmecken.

5 Die fertigen Kartoffeln aus dem Backofen nehmen und die Folie öffnen. Die Kartoffeln mit einem Messer über Kreuz einschneiden und leicht auseinanderdrücken. In diese Vertiefung 1–2 Löffel Gorgonzolacreme geben und mit Lachskaviar garnieren.

Beilage: gemischer Salat

Thunfischkroketten

◎ Für 6 Personen
◎ Pro Portion: ca. 395 kcal

1 Dose Thunfisch (400 g), 4 EL Olivenöl, 4 EL Mehl, 1/4 l Milch, Salz, schwarzer Pfeffer aus der Mühle, 2 Eier, 2 EL Semmelbrösel, Öl zum Backen, Zitronenachtel zum Anrichten

1 Den Thunfisch auf einem feinen Sieb sehr gut abtropfen lassen.

2 Das Öl in einem Topf erhitzen, das Mehl hinzufügen und hellgelb anrösten. Unter Rühren mit einem Schneebesen nach und nach die Milch hinzufügen. Einkochen lassen, bis eine dickliche Sauce entsteht.

3 Den Thunfisch mit zwei Gabeln in kleine Stückchen zerpflücken und unter die Sauce rühren. Herzhaft mit Salz und Pfeffer würzen. Die Masse mindestens 6 Stunden, besser über Nacht, stehenlassen.

4 Mit zwei Teelöffeln aus dem Teig Kugeln stechen und zu länglichen Kroketten formen. Die Eier in einem Teller verquirlen. Die Kroketten zuerst in Ei wälzen, dann in den Semmelbröseln wenden.

5 In einer Pfanne reichlich Öl erhitzen. Die Kroketten darin von allen Seiten goldbraun braten. Dann auf Küchenpapier abtropfen lassen und mit Zitronenachteln servieren.

Nach 6 Stunden Ruhezeit lassen sich aus dem Thunfischteig längliche Kroketten formen.

Vor dem Braten die Kroketten in verquirltem Ei und Semmelbröseln wenden.

Auberginenkrapfen mit Lachs

- Für 6 Personen
- Pro Portion: ca. 290 kcal
- Siehe Abbildung S. 31

Je eine Lachsscheibe mit Kräutern bestreuen und in jeweils eine Auberginentasche stecken.

150 g Mehl, 1 Prise Salz, 1 EL Zucker, 1/4 l Weißwein, 2 Eigelb, 3 Eiweiß, 2 kleine Auberginen, Salz, 2 Schalotten, 100 g Räucherlachs, 2 EL Basilikumstreifen, 2 EL Butterschmalz
SAUCE: 180 g saure Sahne, 2 EL feingehacktes Basilikum, 1 EL roter Kaviar (nach Belieben), Salz, Pfeffer aus der Mühle, Öl zum Fritieren

Die gebackenen Auberginenkrapfen auf Küchenkrepp abtropfen lassen.

1 Für den Teig das Mehl in eine Schüssel sieben und mit dem Salz und dem Zucker vermischen. Dann den Weißwein und die verquirlten Eigelbe zugeben und alles zu einem glatten Teig verrühren. Mindestens 30 Minuten stehenlassen.

2 Inzwischen die Auberginen waschen und in etwa 2 cm dicke Scheiben schneiden. Beidseitig mit etwas Salz bestreuen, auf Küchenpapier legen und 10–20 Minuten ziehen lassen.

3 Die Schalotten schälen und fein hacken. Den Lachs in gleich große Scheiben schneiden.

4 Die Auberginenscheiben mit Küchenpapier trockentupfen und in jede Scheibe seitlich eine Tasche schneiden. Die gehackten Schalotten und das Basilikum in die Mitte der Räucherlachsscheiben geben. Die Scheiben zusammenfalten und in die Auberginenscheiben hineinschieben.

5 Das Butterschmalz in einer großen Bratpfanne erhitzen. Die gefüllten Auberginen von beiden Seiten darin halb gar dünsten.

6 Inzwischen die Eiweiße steif schlagen und unter den Weinteig ziehen. Auberginenscheiben portionsweise durch den Teig ziehen und in der Friteuse in etwa 3 Minuten goldgelb ausbacken. Auf Küchenpapier abtropfen lassen und im Backofen warm halten. Die Krapfen heiß servieren.

7 Für die Sauce die saure Sahne, Basilikum und nach Belieben Kaviar mischen und mit Salz und Pfeffer abschmecken. In einer Sauciere zu den Auberginen reichen.

Staudensellerie mit Gorgonzolacreme

◎ Für 6 Personen
◎ Pro Portion: ca. 145 kcal

1 Bund Staudensellerie, 100 g Gorgonzola, 60 g weiche Butter, ½ TL scharfer Senf

Die Käsecreme mit Hilfe eines Spritzbeutels in die Selleriestangen füllen.

1 Die Selleriestangen von den Blättern befreien und gründlich waschen. Mit Küchenpapier sorgfältig abtrocknen.

2 Den Käse mit einer Gabel in einer kleinen Schüssel zerdrücken und mit der weichen Butter und dem Senf vermischen.

3 Die Selleriestangen mit Hilfe eines Spritzbeutels mit der Käsecreme füllen und bis zum Auftragen in den Kühlschrank geben.

Die geschälten Avocadohälften fächerförmig aufschneiden.

Avocadofächer mit Räucherlachs

◎ Für 4 Personen
◎ Pro Portion: ca. 535 kcal

125 g Crème fraîche, 3 EL Sahne, 1 TL scharfer Senf, Saft von 1/2 Zitrone, Salz, weißer Pfeffer aus der Mühle, 1/2 Bund Dill, 100 g Räucherlachs, 2 reife Avocados

1 Die Crème fraîche mit Sahne und Senf verrühren. Mit Zitronensaft, Salz und Pfeffer abschmecken. Den Dill waschen und mit einer Schere kleinschneiden. Den Lachs in feine Streifen schneiden. Den Dill und die Hälfte der Lachsstreifen unter die Creme geben.

2 Die Avocados halbieren, den Kern entfernen und die Haut abziehen. Mit einem scharfen Messer der Länge nach so in feine Streifen schneiden, daß die Streifen am Stielansatz noch zusammenhängen.

3 Fächerförmig auseinanderziehen und auf vier Tellern anrichten. Neben jeden Fächer etwas Dillcreme geben und mit den restlichen Lachsstreifen garnieren.

Beilage: warmes Baguette mit Knoblauchbutter

Zucchinipüfferchen mit Käse

◎ Für 4 Personen
◎ Pro Portion: ca. 475 kcal

6 kleine Zucchini (ca. 800 g), 1 TL Salz, 4 Eier, 4 Knoblauchzehen, 1 Sträußchen Petersilie, 6–8 EL Mehl, ½ P. Backpulver, 200 g würziger Käse, (z.B. Cantal oder Emmentaler), frisch gerieben, Öl zum Braten

Sie können unter die Gemüsemasse auch einige grobgehackte Sonnenblumenkerne mischen.

1 Die Zucchini waschen und auf der groben Seite der Rohkostreibe raffeln. In eine Schüssel geben und mit Salz und Eiern vermischen.

2 Die geschälten Knoblauchzehen und die gewaschene Petersilie fein hacken. Gemeinsam mit dem gesiebten Mehl, dem Backpulver und dem Käse an die Zucchinimasse geben und sämtliche Zutaten miteinander vermischen.

3 In einer Pfanne reichlich Öl erhitzen. Mit einem Löffel kleine Häufchen Zucchiniteig in das Öl setzen und flachdrücken. Auf beiden Seiten knusprig braun braten und die Zucchinipüfferchen sofort servieren.

Beilage: Tomatensalat oder gemischter Salat.

Buchweizenburger

◎ Für 4 Personen
◎ Pro Portion: ca. 950 kcal

***BLINI:** 150 g frischgemahlenes, gesiebtes Buchweizenmehl, 50 g Weizenmehl (Type 1050), 250 g Sahne, 3 Eier, Salz*
***BUCHWEIZENBURGER:** 2 mittelgroße, junge Möhren, 1 Schalotte, 200 g gekochte Buchweizenkörner, 4 Eigelb, 1 Bund Schnittlauch, fein geschnitten, feine Semmelbrösel zum Binden, Salz, weißer Pfeffer aus der Mühle*
***SAUCE:** 150 g Crème fraîche, 1 TL milder Senf, 2 cl Apfel-Honig-Essig, Salz, weißer Pfeffer aus der Mühle, 4 cl Walnußöl, 1 Bund Schnittlauch, fein geschnitten*
***GARNITUR:** 1 kleiner Eichblattsalat, 1 Handvoll Feldsalat, 2 Tomaten, 1 Stück Salatgurke*
***AUSSERDEM:** Öl zum Braten der Burger und Blini*

Buchweizen braucht übrigens nicht eingeweicht zu werden. Die Kochzeit beträgt ca. 20 Minuten.

1 Für die Blini das Buchweizenmehl mit dem Weizenmehl vermischen und unter Rühren mit einem Kochlöffel die Sahne und nach und nach die Eier hizufügen. Salzen, zu einem glatten Teig verrühren und 30 Minuten quellen lassen.

2 Für die Burger die Möhren putzen, die Schalotte schälen und beides in kleine Würfel schneiden. Mit den gekochten Körnern vermischen und die Eigelb sowie den Schnittlauch unterühren. So viel Semmelbrösel dazugeben, daß die Masse formbar ist. Mit Salz und Pfeffer würzen und 8 kleine Frikadellen daraus formen. Das Öl in einer beschichteten Pfanne erhitzen und die Buchweizenburger darin von beiden

Seiten bei mittlerer Hitze jeweils 2–3 Minuten braten. Zugedeckt warm stellen.

3 Für die Sauce Crème fraîche mit Senf, Essig, Salz und Pfeffer verrühren und unter weiterem Rühren das Öl hinzugießen. Zum Schluß den Schnittlauch unterrühren.

4 Für die Garnitur den Feld- und Eichblattsalat putzen, Tomaten und Gurke waschen und beides in Scheiben schneiden.

5 Das Öl in einer Pfanne erhitzen und nacheinander aus dem Teig bei mittlerer Hitze 12 kleine, gleich große Pfannkuchen backen.

6 Jeweils 1 der Blini mit Salatblättern belegen, mit etwas Sauce begießen und darauf einen Buchweizenburger setzen. Nun folgen Gurken- und Tomatenscheiben und einige Feldsalatblätter, Sauce und erneut ein Pfannkuchen. Alles wiederholen, bis die Zutaten verbraucht sind.

Zu Buchweizenburger paßt prima ein spritziger, trockener Weißwein, z.B. Edelzwicker oder Muscadet

TOASTS & SANDWICHES

Clubsandwich (Rezept Seite 64)

Champignontoast

◎ Für 4 Personen
◎ Pro Portion: ca. 560 kcal

Die Variationen für diesen Pilztoast sind gar nicht an einer Hand aufzuzählen. Sie können ihn ebensogut mit Austernpilzen zubereiten, den Schinken durch Kalbs– oder Rinderzunge ersetzen und den Toast vor dem Überbacken mit geriebenem Pecorino bestreuen.

300 g Champignons, 1 Zwiebel, 3 EL Sonnenblumenöl, schwarzer Pfeffer aus der Mühle, Salz, 2 EL Crème fraîche, 1 EL Tomatenmark, 8 Scheiben Vollkorntoast, 200 g gekochter Schinken, 150 g geriebener Emmentalerkäse

1 Die Champignons putzen, kurz unter fließendem Wasser waschen oder mit Küchenpapier sorgfältig abwischen. Die Pilze in dünne Scheiben schneiden, die Zwiebel schälen und fein hacken.

2 Das Öl in einer Pfanne erhitzen, die Zwiebelwürfel darin hellbraun werden lassen. Die Pilzscheiben zugeben und so lange braten, bis alle Flüssigkeit eingekocht ist. Mit Pfeffer und Salz würzen.

3 Die Crème fraîche mit dem Tomatenmark verrühren und unter die Pilze mischen.

4 Die Brotscheiben im Toaster hellbraun rösten. Den Schinken in kleine Würfel schneiden. Auf das geröstete Brot geben. Die Pilzmasse darüber verteilen und die Brote dick mit geriebenem Käse bestreuen.

5 Die Toastscheiben unter den vorgeheizten Grill schieben und 5 Minuten überbacken. Den Champignontoast solo oder mit einem Salat aus roten und grünen Paprikastreifen anrichten.

Zwiebeltoast

◎ Für 4 Personen
◎ Pro Portion: ca. 265 kcal

4 große Schalotten, 1 EL Butter, 2 EL Sonnenblumenöl, Salz, weißer Pfeffer aus der Mühle, 4 Scheiben Vollkorntoast, 3 Eiertomaten, 4 Scheiben Fontina, 1 Bund Schnittlauch,

1 Die Schalotten schälen und in 2 mm dicke Scheiben schneiden.

2 Die Butter in einer Kasserolle erhitzen, das Sonnenblumenöl hinzufügen und die Schalottenscheiben darin goldgelb anbraten. Zum Schluß mit Salz und Pfeffer kräftig würzen.

3 Den Backofen auf 180 °C vorheizen. Den Vollkorntoast darin goldgelb backen, jedoch nicht hart werden lassen.

4 Die Tomaten waschen, Stielansatz entfernen und in Scheiben schneiden.

5 Den Toast mit Zwiebelringen und Tomatenscheiben belegen. Zum Schluß mit Käse bedecken und im Backofen so lange backen, bis der Käse geschmolzen ist.

6 In der Zwischenzeit den Schnittlauch waschen, trockenschütteln und kleinschneiden. Den fertigen Toast nochmals mit Salz und weißem Pfeffer würzen und mit den Schnittlauchröllchen bestreut servieren.

Fontina ist ein halbfester Schnittkäse mit 45 % Fett. Er kommt aus dem Aostatal und eignet sich wegen seiner leichten Schmelzbarkeit besonders gut zum Überbacken, für Käsesaucen oder Fondues.

Überbackener Tomatentoast

◎ Für 4 Personen
◎ Pro Portion: ca. 625 kcal

4 Scheiben Graubrot à 70 g, 40 g Butter oder Margarine, 8 Scheiben Raclettekäse (ersatzweise, junger Gouda), 4 Fleischtomaten, schwarzer Pfeffer aus der Mühle, 1 TL getrockneter Majoran, 4 EL geschälter Sesamsamen, 2 Eiweiß, 80 g frischgeriebener Parmesan, 4 EL Sahne, 1 Kästchen Kresse

Sesam gibt es geschält, als helle Sesamsaat, und ungeschält, als schwarze Samen. Durch Rösten erhöht sich noch das nussige Aroma.

1 Die Brotscheiben mit Butter oder Margarine bestreichen und auf ein Backblech legen. Auf jedes Brot zwei Käsescheiben geben und im vorgeheizten Backofen bei 200 °C auf der mittleren Schiene 5 Minuten vorrösten.

2 Die Tomaten waschen, die Stielansätze herausschneiden und die Früchte in gleichmäßige Scheiben teilen. Auf den Brotscheiben anordnen.

3 Die Tomaten mit Pfeffer, Majoran und Sesam bestreuen. Die Tomatentoasts 2 Minuten unter den Grill schieben.

4 Die Eiweiß sehr steif schlagen. Den Parmesan mit der Sahne verrühren und unter den Eischnee heben. Die Masse gleichmäßig über die Tomaten ziehen.

5 Die Tomatentoasts auf der mittleren Schiene bei 200 °C 2–5 Minuten überbacken. Mit frischer Kresse garnieren.

Spargel-Camembert-Toast

◎ Für 4 Personen
◎ Pro Portion: ca. 510 kcal

1 kg grüner Spargel, Salz, 1 TL Zucker, 50 g Butter, 4 Scheiben Vollkorntoast, 4 Scheiben gekochter Schinken, 200 g Camembert 45% i. d. Tr., 4 TL Preiselbeerkonfitüre

1 Die Spargelstangen waschen, trockentupfen und auf die Länge der Toastbrotscheiben kürzen. Den unteren Teil für eine Suppe verwenden, die Spargelspitzen in reichlich kochendem Wasser mit Salz, Zucker und 10 g Butter in etwa 12 Minuten bißfest kochen.

2 Das Brot toasten, mit der restlichen Butter bestreichen und mit 1 Scheibe Schinken belegen. Die Spargelstangen auf den Broten verteilen und mit dem in dünnen Scheiben geschnittenen Camembert bedecken.

3 Im vorgeheizten Grill so lange überbacken, bis der Käse schmilzt. Jeweils 1 Teelöffel Preiselbeeren daraufgeben und sofort genießen.

Wenn es mal ganz schnell gehen soll und keine Spargelsaison ist, verwenden Sie für diesen köstlichen Toast weißen Spargel aus Glas oder Dose.

Die Haut von dem Aal abziehen, in Portionsstücke teilen und die Gräten herauslösen.

Smørrebrød mit Räucheraal auf Rührei

- Für 4 Personen
- Pro Portion: ca. 610 kcal

4 Scheiben Roggenbrot, 50 g Butter, 8 Eier, Salz, weißer Pfeffer aus der Mühle, 1 kleiner Räucheraal (400 g), Dill oder Schnittlauch zum Garnieren

1 Die Brotscheiben mit der Hälfte der Butter bestreichen. Die Eier mit etwas Salz und Pfeffer gründlich verquirlen.

2 Die Haut von dem Aal abziehen, in 4 Portionsstücke teilen und die Gräten herauslösen.

3 Die restliche Butter in einer Pfanne zerlassen, die Eimasse hineingeben und unter ständigem Rühren mit einem Holzlöffel ein lockeres, cremiges Rührei zubereiten.

4 Das Rührei auf den Brotscheiben verteilen und den Aal diagonal darüberlegen. Mit frischem Dill oder Schnittlauch garnieren.

Mozzarella-Tomaten-Toast

- Für 4 Personen
- Pro Portion: ca. 230 kcal

2 große Fleischtomaten, 2 Kugeln Mozzarella (je ca. 150 g), 4 Scheiben Vollkorntoast, 2 EL Knoblauchbutter, Salz, schwarzer Pfeffer aus der Mühle, 1 TL Oregano, getrocknet, ½ Bund Basilikum zum Garnieren

1 Tomaten waschen und ohne Stengelansatz quer in 1/2 cm dicke Scheiben schneiden. Mozzarella in ebenso dicke Scheiben schneiden.

2 Das Toastbrot im Toaster rösten und mit der Butter bestreichen.

3 Den Backofen oder Grill auf 250 °C vorheizen. Tomaten- und Mozzarellscheiben abwechselnd schuppenartig auf das Brot legen. Mit Salz, Pfeffer und Oregano würzen und 10 Minuten überbacken, bis der Käse anfängt zu schmelzen. Mit Basilikumblättchen garniert servieren.

Statt Mozzarella Salamischeiben nehmen, mit Emmentaler bestreuen und überbacken

Kresse-Eier auf Vollkornbrötchen

◎ Für 4 Personen
◎ Pro Portion: ca. 285 kcal

1 Fleischtomate, 4 hartgekochte Eier, 125 g Sahnequark, 1 Kästchen Kresse, Salz, Pfeffer aus der Mühle, 4 Salatblätter, 4 Vollkornbrötchen, 4 EL geröstete Sonnenblumenkerne

1 Die Tomate oben kreuzweise einritzen, kurz in kochendes Wasser tauchen und häuten. Tomate quer halbieren und entkernen, das Fruchtfleisch in kleine Würfel schneiden.

2 Die Eier pellen und fein hacken. Mit Quark, Kresse und den Tomatenwürfeln vermischen. Mit Salz und Pfeffer abschmecken. Die Eiercreme auf Salatblätter füllen und auf Brötchen anrichten. Mit Sonnenblumenkernen bestreuen.

Clubsandwich

- Für 1 Person
- Pro Portion: ca. 780 kcal
- Siehe Abbildung S. 57

Anstelle von Hühnerfleisch kann auch Putenbrust oder Schweinebraten verwendet werden.

150 g gebratene Hühnerbrust, 2 Salatblätter, 2 dünne Scheiben durchwachsener geräucherter Speck, 2 Scheiben Toastbrot, 1 EL Mayonnaise (selbstgemacht), 1 Tomate oder 1 Stück Salatgurke, Salz, schwarzer Pfeffer aus der Mühle

1 Die Hühnerbrust von den Knochen lösen, nach Belieben häuten und quer zur Faser in Scheiben schneiden. Die Salatblätter waschen und mit einem Tuch trockentupfen. Die Speckscheiben in einer trockenen Pfanne knusprig braten.

2 Brot toasten und etwas abkühlen lassen. Eine Toastscheibe mit etwas Mayonnaise bestreichen und das Hühnerfleisch darauf anrichten. Die Salatblätter durch die restliche, glattgerührte Mayonnaise ziehen und das Hühnerfleisch damit bedecken. Tomaten- oder Gurkenscheiben darauflegen und mit Salz und Pfeffer bestreuen.

3 Das Sandwich mit den Speckscheiben und einer Scheibe Toast bedecken. Diagonal durchschneiden und mit Cocktailspießchen zusammenhalten.

Überbackener Zucchinitoast

◎ Für 4 Personen
◎ Pro Portion: ca. 550 kcal

3 kleine Zucchini, 2 EL Sonnenblumenöl, 3 Tomaten, 2 Salbeiblätter, 8 Scheiben Vollkorntoast, Pfeffer, Salz, 8 Scheiben Emmentaler

1 Die Zucchini waschen, Blüten- und Stielansatz entfernen und das Gemüse längs in dünne Scheiben schneiden.

2 Öl in einer Pfanne erhitzen und die Zucchinischeiben darin etwa 5 Minuten bei schwacher Hitze andünsten.

3 Die Tomaten waschen, den grünen Stielansatz entfernen und in Scheiben schneiden. Salbei waschen, trockentupfen und kleinhacken.

4 Den Backofen auf 170 °C vorheizen. Die Zucchinischeiben auf den Toastscheiben verteilen, mit Tomatenscheiben belegen, mit Salbei, Pfeffer und Salz würzen, zum Schluß mit dem Emmentaler bedecken.

5 Zucchinitoasts auf ein mit Backpapier belegtes Blech legen und so lange im Backrohr lassen, bis der Käse geschmolzen ist. Sofort servieren.

Sie können zusätzlich zusammen mit den Zucchinischeiben 1–2 Knoblauchzehen dünsten.

Champignonduxelles auf Toast

- Für 4 Personen
- Pro Portion: ca. 250 kcal

400 g Champignons oder Egerlinge, 50 g Schalotten, 30 g Butter, 2 EL Sahne, 2 EL Crème double, etwas Zitronensaft, weißer Pfeffer aus der Mühle, Salz, 4 Scheiben Vollkorntoast

1 Die Champignons putzen, kurz unter fließendem Wasser waschen oder mit Küchenpapier sorgfältig abwischen und sehr fein hacken. Die Schalotten schälen und reiben.

2 Die Butter in einem Topf erhitzen, die Schalotten darin anbraten, die gehackten Pilze zugeben und so lange braten, bis alle Pilzflüssigkeit eingekocht ist. Die Sahne und die Crème double zugeben und die Masse mit Zitronensaft, Pfeffer und Salz würzen. So lange kochen lassen, bis die Duxelles cremig ist. Auf knusprigen Toastscheiben mit Mixed pickles oder gemischtem Salat servieren.

Diese klassische Zubereitung, die aus dem 17. Jahrhundert stammt, kann durch Zugabe von 2 Eigelb noch verfeinert werden. Und ein Eßlöffel Cognac gibt den besonderen Pfiff.

Krabbencreme auf Toast

◎ Für 4 Personen
◎ Pro Portion: ca. 340 kcal

200 g Krabben (Tiefseegarnelen), 3 EL Sahnequark, Salz, weißer Pfeffer aus der Mühle, 1 Msp. Cayennepfeffer, 1 EL Zitronensaft, 2 Bund Dill, davon 1 ½ Bund fein gehackt, 1 kleines Stangenweißbrot, 60 g Butter

1 Von den Krabben 12 schöne Exemplare aussuchen und beiseite legen.

2 Die restlichen Krabben mit dem Sahnequark im Mixer zu einer geschmeidigen Creme verarbeiten. Mit Salz, Pfeffer, Cayennepfeffer und Zitronensaft kräftig abschmecken und den feingehackten Dill gleichmäßig unterheben. Kalt stellen.

3 Das Weißbrot in 12 etwa 1 ½ cm dicke Scheiben schneiden und im Toaster rösten.

4 Das Weißbrot mit Butter, dann mit der Krabbencreme bestreichen. Jeweils ein Dillzweiglein und eine Krabbe in die Mitte setzen. Auf Teller oder einer Platte anrichten.

Diese Creme läßt sich auch gut in etwa 5 cm lange Stücke von Staudensellerie streichen.

Crostini mit Hühnerleber

◎ Für 4–6 Personen
◎ Pro Portion bei 4 Personen: ca. 360 kcal

1 kleine Zwiebel, 2 EL Olivenöl, 300 g Hühnerleber, 1 Zweig Thymian, 2 EL Tomatenstücke (Fertigprodukt), 6 EL Hühnerbrühe (Extrakt), Salz, schwarzer Pfeffer aus der Mühle, 2 Sardellen, 1 EL Kapern, 1 EL gehackte Kräuter, 4 Scheiben Toskaner Brot (italienisches Weißbrot), Thymianblättchen zum Bestreuen

Würzen Sie die Lebercreme mit Ihren Lieblingskräutern. Thymian, Rosmarin, Salbei und Petersilie passen auf jeden Fall.

1 Die Zwiebel schälen, in kleine Würfel schneiden und in dem heißen Öl glasig braten.

2 Die Hühnerleber von Fett- und Hautteilen befreien und in kleine Stücke schneiden. Die Leberstückchen zu den Zwiebelwürfeln geben und anbraten.

3 Thymian, Tomatenstücke und Brühe dazugeben, salzen und pfeffern und 10 Minuten kochen lassen. Anschließend durch ein Sieb streichen.

4 Die Sardellen fein hacken und zusammen mit den Kapern und den Kräutern unter die Lebercreme mischen.

5 Die Weißbrotscheiben toasten, mit der warmen oder kalten Creme bestreichen, mit Thymianblättchen bestreuen.

Sardinentoasts

◎ Für 4 Personen
◎ Pro Portion: ca. 305 kcal

1 große Zwiebel, fein gehackt, 40 g Butter, 2 große Sardinen (frisch oder tiefgekühlt), 1 EL Olivenöl, 1 kleines Stück rote, scharfe Pfefferschote, 2 EL Petersilie, fein gehackt, 2–3 Basilikumblätter, 1 EL Olivenöl, kalt gepreßt, Salz, Pfeffer, ½ Baguette
GARNITUR: Cherrytomaten, Basilikum oder glatte Petersilie

1 Die Butter bei Raumtemperatur weich werden lassen. Die Sardinen ausnehmen, waschen, auf Küchenpapier trocknen und auf beiden Seiten 5 Minuten im Olivenöl braten. Nach dem Erkalten Haut, Kopf und Gräten entfernen.

2 Den Backofen auf 220 °C vorheizen. Die Pfefferschote hacken. Das Sardinenfleisch mit der Butter, der Zwiebel, den Kräutern, dem kaltgepreßten Olivenöl und etwas Salz und Pfeffer im Mixer pürieren. Die Pfefferschotenwürfelchen daruntermischen.

3 Das Brot in dünne Scheiben schneiden, diese auf ein Backblech legen und auf der oberen Schiene des Backofens ca. 5–6 Minuten toasten.

4 Für die Garnitur die Cherrytomaten und die Kräuter waschen und trockentupfen.

5 Die getoasteten Brotscheiben ½ cm hoch mit der Masse belegen. Mit einer Cocktailtomate und einem Kräuterblättchen garnieren.

Man kann die Toasts auch mit Sardinen aus der Dose zubereiten (Gräte entfernen!). Die Sardinen durch Thunfisch aus der Dose ersetzen. Wenn es schnell gehen muß, die Sardinenmasse bergartig auf kleine Crackers (gesalzene Biskuits) oder Pumpernickel geben.

Frischkäsekugeln im Sprossenmantel

◎ Für 4 Personen
◎ Pro Portion: ca. 350 kcal

100 g eingelegter Schafskäse, 200 g Doppelrahmfrischkäse, 3–4 EL Sahne, 1 Knoblauchzehe, Pfeffer aus der Mühle, je ½ Tasse Kresse-, Rettich- und Senfsprossen (aus je 3 EL Samen), Salatblätter zum Anrichten

Für die Käsekugeln nur das obere Drittel der Kresse verwenden. Senf und Rettich nur ca. 2 Tage keimen lassen.

1 Den abgetropften Schafskäse mit einer Gabel zerdrücken und mit dem Frischkäse, der Sahne und dem durchgepreßten Knoblauch vermischen. Mit Pfeffer abschmecken.

2 Mit einem Löffel von der Masse Portionen abstechen und zwischen den Handflächen zu kleinen Kugeln rollen. Diese jeweils in den verschiedenen Sprossen wälzen.

3 Die Käsekugeln auf Salatblättern anrichten. Vollkornbrot oder -brötchen dazu reichen.

Knoblauch-Kräuter-Toast

◎ Für 2 Personen
◎ Pro Portion: ca. 335 kcal

3 Knoblauchzehen, 50 g Butter, 2 EL frische gehackte Kräuter, (z. B. Schnittlauch, Kerbel, Borretsch, Basilikum), schwarzer Pfeffer aus der Mühle, Salz, 1 EL Calvados, 4 Scheiben Vollkorntoast

1 Knoblauch schälen und mit der Presse den Saft auf die weiche Butter drücken. Die Kräuter untermischen. Die Butter mit Pfeffer, Salz und Calvados abschmecken.

2 Das Vollkorntoastbrot mit der würzigen Butter bestreichen. Jede Scheibe zweimal diagonal durchschneiden, so daß aus jeder Scheibe 4 kleine Dreiecke entstehen.

3 Das Brot für 3 Minuten unter den vorgeheizten Grill schieben und sofort anrichten. Dazu schmeckt Pilz- oder Feldsalat, aber auch eine gute Knoblauchsuppe.

Knoblauchbaguette

◎ Für 4 Personen
◎ Pro Portion: ca. 525 kcal

4 Knoblauchzehen, 4 Schalotten, 100 g Butter, 1 EL Cognac, schwarzer Pfeffer aus der Mühle, Salz, 1 Baguette (500 g)

1 Knoblauchzehen und Schalotten schälen und sehr fein hacken. Mit der weichen Butter gut verrühren. Mit Cognac, Pfeffer und Salz würzen.

2 Baguette schräg in etwa 2 cm dicke Scheiben schneiden, die an der Unterseite noch zusammenhängen sollen. Die Knoblauchbutter in die Zwischenräume streichen, Baguette zusammendrücken und in Alufolie einschlagen.

3 Das Weißbrot auf der mittleren Schiene im auf 220 °C vorgeheizten Backofen etwa 20 Minuten backen.

So servieren Sie das Knoblauchbaguette: Nach dem Backen die Folie aufklappen und sofort auf den Tisch bringen, wo sich jeder eine oder mehrere Scheiben herunterbrechen kann.

Den Thunfisch mit der geschälten Zwiebel, der Gurke, den Sardellen und dem Frischkäse pürieren. Die Bratlinge mit der gewürzten Creme bestreichen.

Vollkornbratlinge mit würziger Thunfischcreme

◎ Für 4 Personen
◎ Pro Portion. ca. 200 kcal

***BRATLINGE:* 120 g Sechskorn-Mischung, 10 g flüssige Butter, 1 Ei, 40 g Vollkornbrösel, 2 EL gehackte Kräuter, schwarzer Pfeffer aus der Mühle, ½ TL Selleriesalz, 2 EL Sesamöl**
***THUNFISCHCREME:* 1 Dose Thunfisch naturell, (ca. 150 g Fischeinwaage), 1 kleine Zwiebel, 1 kleine Essiggurke, 2 gewässerte Sardellen, 1 EL Frischkäse (50% Fett i. d. Tr.), 1 EL gehackte Petersilie, 1 EL kleine Kapern, schwarzer Pfeffer aus der Mühle**
***AUSSERDEM:* 1 hartgekochtes Ei, 4 Zweige Petersilie**

1 Die Sechskorn-Mischung mit heißem Wasser übergießen und über Nacht einweichen. Die Körner ausdrücken und mit Butter, Ei, Vollkornbröseln und Kräutern vermischen. Mit Pfeffer und Salz würzen.

2 Aus der Körnermasse vier Bratlinge formen und diese in einer Pfanne in heißem Öl rundum goldbraun braten.

3 Den Thunfisch mit der geschälten Zwiebel, der Gurke, den Sardellen und dem Frischkäse pürieren. Petersilie und Kapern unter die Creme mischen und mit Pfeffer würzen.

4 Die Bratlinge mit der Thunfischcreme bestreichen und mit Eiviertel und Petersilie garnieren.

Möhren-Avocado-Aufstrich

◎ Für 4 Personen
◎ Pro Portion: ca. 100 kcal

250 g Möhren, 1 Stück Zimtstange, 1 reife Avocado, Saft von ½ Zitrone, Salz, weißer Pfeffer aus der Mühle, 1 Msp. Cayennepfeffer

1 Die Möhren schälen, in 1 cm lange Stücke schneiden und in einen kleinen Topf geben. Knapp mit Wasser bedecken, die Zimtstange zufügen und 10 Minuten kochen.

2 In ein Sieb gießen, die Zimtstange entfernen, Möhren gut abtropfen und abkühlen lassen.

3 Die Avocado längs halbieren, vom Kern befreien und das Fruchtfleisch herausschaben. Sofort mit Zitronensaft beträufeln. Mit den Möhren im Mixer pürieren.

4 Das Püree mit Salz, Pfeffer und Cayennepfeffer kräftig abschmecken und 20 Minuten kalt stellen. Mit frischem Baguette oder Vollkornbrot servieren.

Verwenden Sie für diesen schönen Aufstrich junge Bundmöhren. Achten Sie beim Einkauf darauf, daß die Blätter ganz frisch und saftig, auf keinen Fall angewelkt sind.

Knoblauchjoghurt mit Tomaten

◎ Für 4 Personen
◎ Pro Portion: ca. 210 kcal

Wenn es weniger gehaltvoll zugehen soll, kann man statt dem Sahnejoghurt auch Vollmilchjoghurt verwenden und spart dabei je Portion 75 Kalorien.

2 Fleischtomaten (250 g), 4 Schalotten, 2 Knoblauchzehen, Salz, 50 g Gärtnergurke, 1 EL gehackte Pimpernelle, 1 EL gehackte Minzeblätter, 1 TL Dillspitzen, 3 Becher Sahnejoghurt, schwarzer Pfeffer aus der Mühle

1 Die Tomaten waschen, vierteln und in Stücke schneiden. Die Stielansätze dabei entfernen. Die Schalotten und die Knoblauchzehe schälen, fein hacken und mit etwas Salz bestreuen. Die Gärtnergurke schälen, der Länge nach halbieren und mit einem Löffel die Kerne entfernen. Die Hälften in kleine Würfel schneiden.

2 Tomaten, Schalotten, Knoblauch und Gurke in eine Schüssel geben, die Kräuter untermischen und den Sahnejoghurt darübergießen. Mit reichlich schwarzem Pfeffer würzen und alles durchmischen.

3 Den würzigen Knoblauchjoghurt gut gekühlt zu Vollkornbrot servieren.

Sahnequark mit Knoblauchkrabben

- Für 4 Personen
- Pro Portion: ca. 130 kcal

500 g Sahnequark, 5 EL Milch, 1 TL Dijonsenf, 1 kleines Gläschen Kapern, 1 Fleischtomate, 1 gelbe Paprikaschote, 1 Bund Dill, 3 Schalotten, 2 Knoblauchzehen, schwarzer Pfeffer aus der Mühle, Salz, 100 g frische Krabben

1 Den Quark mit der Milch aufschlagen. Senf und Kapern zufügen.

2 Die Tomate waschen, halbieren, entkernen und die Stielansätze entfernen. Die Hälften in dünne Scheiben, dann in kleine Würfel schneiden. Die Paprikaschote waschen, halbieren, Kerne und Scheidewände sowie den Stielansatz entfernen, die Hälften in kleine Würfel schneiden. Den Dill waschen und abtropfen lassen. Schalotten und Knoblauchzehen sehr fein hacken.

3 Die Tomaten- und Paprikawürfel sowie Schalotten und Knoblauch in den Quark rühren. Mit Pfeffer und Salz würzen und die Krabben zugeben. Alle Zutaten gut vermischen.

4 Den würzigen Quark mit Dillspitzen bestreut zu Vollkornbrot oder Pumpernickel servieren.

Sie können auch Magerquark verwenden und ihn mit Sahne cremig rühren. Anstelle der Schalotten können Sie auch Frühlingszwiebeln nehmen.

Gemischter Sprossenaufstrich

◎ Für 4 Personen
◎ Pro Portion: ca. 150 kcal

50 g Butter, ca. 50 g Weizensprossen (aus 5 EL Samen), 2 EL Rettichsprossen (aus ca. ½ TL Samen), 2–3 EL Kresse, 1–2 EL Hefeflocken, Salz, Pfeffer aus der Mühle

1 Die Butter schaumig rühren. Die gut abgetropften Sprossen unterziehen.

2 Die Mischung mit Hefeflocken, Salz und Pfeffer abschmecken. Im Kühlschrank aufbewahren. Mit Vollkornbrot servieren.

Avocadocreme mit Frühlingszwiebeln

◎ Für 4 Personen
◎ Pro Portion: ca. 260 kcal

2 große, reife Avocados, frischgepreßter Saft von 1 Zitrone, 1 Ei, 4 Frühlingszwiebeln, 1 TL scharfer Senf, 1 kleine Knoblauchzehe, frischgeriebene Muskatnuß, Pfeffer aus der Mühle, Salz, edelsüßes Paprikapulver, 1 EL Sahne

1 Die gut reifen Avocados halbieren, entsteinen und das Fruchtfleisch herauslösen. Mit Zitronensaft beträufeln und in einer kleinen Schüssel mit einer Gabel fein zerdrücken.

Ob Avocados reif sind, läßt sich leicht feststellen. Gibt die Schale rundum auf Fingerdruck nach, ist die Frucht reif und genießbar.

2 Das Ei hartkochen, abschrecken, schälen und kleinhacken. Die Frühlingszwiebeln waschen, Zwiebelgrün und Wurzelende entfernen und die Zwiebeln kleinhacken.

3 Das Avocadofleisch mit den Zwiebeln und dem Ei vermischen und den Senf unterrühren. Die Knoblauchzehe schälen und durch die Knoblauchpresse direkt in die Creme hineindrücken.

4 Die Creme mit den Gewürzen abschmecken und 1 Eßlöffel Sahne unterrühren. Mit Pumpernickel servieren.

Pikante Sprossen auf Butterbrot

◎ Für 4 Personen
◎ Pro Portion: ca. 240 kcal

4 Scheiben Vollkornbrot, 40 g Butter, 1 Tasse Kresse (aus 1 EL Samen), 1 Tasse Alfalfagrün (aus 1 EL Samen), 3 EL Rettichsprossen (aus 1 TL Samen), 1 hartgekochtes Ei, ½ Avocado, Zitronensaft, einige Walnußkerne, Salz, Pfeffer aus der Mühle

1 Vollkornbrot mit Butter bestreichen. Die gut abgetropften Sprossen darauf verteilen.

2 Das Ei pellen und in Achtel oder Scheiben teilen. Avocado schälen und in Spalten schneiden. Mit etwas Zitronensaft beträufeln.

3 Die Brote mit Ei und Avocado garnieren. Mit den grob gehackten Walnußkernen bestreuen und mit Salz und Pfeffer würzen.

Es lohnt sich Sprossen selber zu ziehen. Sie sind vitamin- und mineralstoffreich und helfen nicht nur in den Wintermonaten, unseren täglichen Bedarf zu decken.

GEFÜLLTE PAST
PIKANTE TÄSCH

CHEN,
CHEN & CO

Blätterteigtaschen mit pikanter Füllung (Rezept Seite 86)

Austernpilzpastetchen

◎ Für 4 Personen
◎ Pro Portion: ca. 622 kcal

400 g Austernpilze, 1 Zwiebel, 1 Bund Petersilie, 2 EL Distelöl, schwarzer Pfeffer aus der Mühle, Salz, 30 g Butter, 1 EL Mehl, 1/4 l Milch, einige Tropfen Zitronensaft, frischgeriebene Muskatnuß, 1 Eigelb, 250 g Sahne, 1 Bund Estragon, 4 Blätterteigpastetchen (fertig gekauft)

Sie können die Pilzfüllung für die Pastetchen natürlich auch auf einen Blätterteigboden geben, eine Teigplatte darüberdecken, sie mit Eigelb bepinseln und so aus dem Ganzen eine knusprige Pilztorte werden lassen.

1 Die Austernpilze putzen, kurz unter fließendem Wasser waschen oder mit Küchenpapier sorgfältig abwischen, in kleine Stücke schneiden. Die Zwiebel schälen und fein hacken. Die Petersilie waschen, trockenschwenken und sehr fein hacken.

2 Das Öl in einer Pfanne erhitzen und die Zwiebel darin glasig werden lassen. Die Pilzstücke zugeben und 15 Minuten braten. Zum Schluß die gehackte Petersilie zugeben und noch 1 Minute mitbraten. Mit Salz und Pfeffer würzen.

3 Die Butter in einem Topf erhitzen, das Mehl darin unter Rühren leicht rösten und die Milch angießen. Mit Salz, Zitronensaft und Muskat würzen, 7 Minuten kochen. Vom Herd nehmen. Den Backofen auf 200 °C vorheizen.

4 Eigelb und Sahne verquirlen, unter die Sauce rühren. Die gebratenen Pilze hineingeben. Den Estragon waschen, die Blättchen bis auf 12 Stück fein schneiden. In die Sauce rühren.

5 Die Pastetchen im Backofen knusprig aufbacken, Die Sauce in die Pastetchen füllen. Mit den Estragonblättchen verzieren. Mit gegrillten Tomaten servieren.

Pastetchen mit Ei und Gänseleber

◎ Für 4 Personen
◎ Pro Portion: ca. 555 kcal

4 Blätterteigpastetchen (fertig gekauft), 200 g geschnetzteltes Kalb- oder Geflügelfleisch, 2 EL Butter, 1 Schalotte, 200 g Champignons oder andere Pilze, 250 g Sahne, Salz, Pfeffer aus der Mühle, Oregano, 4 Eier, 4 Scheiben gewürfelte Gänseleberterrine

1 Die Pastetenhüllen im Ofen erwärmen. Das Fleisch in 1 Eßlöffel Butter anbraten. Zugedeckt stehen lassen.

2 Die gewürfelte Schalotte in 1 Eßlöffel Butter glasig dünsten. Die Pilze putzen, in Scheiben schneiden und leicht anbraten. Die Sahne einrühren. Einkochen, bis die Sauce sämig ist. Mit Salz, Pfeffer und Oregano würzen.

3 Die Eier in 6 Minuten weich kochen, kalt abschrecken und schälen.

4 Die heißen Pasteten aus dem Ofen nehmen, das Fleisch und die Champignonsauce einfüllen. Je 1 Ei daraufgeben, mit Gänseleberwürfeln bestreuen. Sofort servieren.

Für die Zubereitung dieses Gerichtes kann man die Gänseleberterrine bereits fertig in Scheiben kaufen.

Von den gekochten Krebsen die Schwänze vom Rumpf drehen.

Die Scheren mit einer Hummerschere aufknacken und das Fleisch herauslösen.

Pastetchen mit Krebsragout und Morcheln

◎ Für 6 Personen
◎ Pro Portion: ca. 500 kcal

30 g getrocknete Morcheln, 36–48 gekochte, frische Krebse oder ausgelöste Krebsschwänze, 3 EL Olivenöl, 1 Möhre, 2 Schalotten, 1 Stange Porree (nur den weißen Teil), 1 Stange Staudensellerie, 1 Stück Fenchel, 3 EL Cognac, 0,2 l Weißwein (Chablis), 300 g Crème fraîche, 1 EL Butter, Salz, weißer Pfeffer aus der Mühle, Zitronensaft, 6 Blätterteigpasteten (fertig gekauft)

1 Die getrockneten Morcheln 1 Stunde mit Wasser bedeckt einweichen. Die Pilze unter fließendem Wasser sehr gründlich waschen – in jeder kleinen Vertiefung der Hütchen kann Sand sein. Große Morcheln halbieren oder vierteln. Auf einem Küchentuch gut trocknen lassen.

2 Von den gekochten Krebsen die Schwänze vom Rumpf drehen, an der Bauchseite aufbrechen, auslösen und den Darm am Ende der Schwänze herausziehen. Die Scheren mit einer Hummerschere aufknacken (zur Not tut es ein Nußknakker) und mit einer langzinkigen Gabel das Fleisch herauslösen. Die Krebsschalen waschen und in der Küchenmaschine zerkleinern.

3 Das Olivenöl in einem Topf erhitzen und die Krebsschalen und die Köpfe darin 6–7 Minuten unter Rühren leicht anrösten. Das gewaschene, geputzte und in kleine Würfel geschnittene Gemüse hinzufügen und alles einige Minuten

weiterschmoren, bis alle Flüssigkeit verdampft ist. Dann den Cognac darübergeben und flambieren. Mit dem Wein aufgießen. Unter ständigem Rühren einkochen lassen. Die Crème fraîche hinzufügen und die Sauce bei leichter Hitze in etwa 20 Minuten cremig einkochen.

4 In dieser Zeit die Butter in einer Pfanne zerlassen und die Morcheln hineingeben. Mit Salz, Pfeffer und Zitronensaft würzen. Unter gelegentlichem Umrühren mit einem Holzlöffel etwa 10 Minuten schmoren lassen.

5 Die Krebs-Sahne-Sauce durch ein Sieb in eine Kasserolle passieren und mit Salz und Pfeffer abschmecken. Erneut zum Kochen bringen. Die Morcheln hinzufügen und einige Minuten durchkochen. Die Krebsschwänze dazugeben und alles zusammen erwärmen.

6 Die Pastetchen kurz im Backofen erwärmen. Unmittelbar vor dem Auftragen mit dem Krebsragout füllen. Dazu einen trockenen, weißen Burgunder, am besten Chablis servieren.

Diese köstlichen Pastetchen sind nicht nur ein schönes, leichtes Abendessen, wenn Sie dazu einen kleinen Salat servieren, sondern auch solo eine exquisite Vorspeise, wenn Sie Gäste bewirten.

Pastetchen mit Spargel-Kalbsbries-Ragout

◎ Für 4 Personen
◎ Pro Portion: ca. 330 kcal

Bereiten Sie das Ragout auch mal mit weißen Spargelspitzen zu und schmecken Sie es mit wenig Cayennepfeffer ab.

400 g Kalbsbries, Salz, 500 g grüner Spargel, ½ TL Zucker, 40 g Butter, 20 g Mehl, 125 g Sahne, 1 Eigelb, weißer Pfeffer aus der Mühle, 1 EL Zitronensaft, 4 Blätterteigpastetchen (fertig gekauft), einige Kerbelzweige

1 Das Kalbsbries einige Stunden in kaltem Wasser wässern. Das Wasser hin und wieder erneuern, bis es nicht mehr blutig ist. Das Wasser abgießen. Das Kalbsbries mit frischem kaltem Wasser zum Kochen bringen. Bei leichter Hitze in etwa 5 Minuten garen, mit einem Schaumlöffel herausnehmen und wiederum in kaltes Wasser legen.

2 Die Spargelstangen am unteren Ende schälen und in reichlich kochendem Wasser mit Salz, Zucker und 10 g Butter in etwa 15 Minuten bißfest kochen. Spargelbrühe beiseite stellen.

3 Das Bries von allen Haut- und Sehnenteilen befreien und in kleine Stückchen zerteilen. Die abgetropften Spargelstangen in 2–3 cm lange Stücke schneiden.

4 Die restliche Butter erhitzen, das Mehl darin anschwitzen und mit ⅛ l Spargelbrühe und der Sahne aufgießen. Die Sauce unter Rühren dicklich einkochen. Dann von der Kochstelle nehmen, mit dem verquirlten Eigelb legieren und mit Salz, frisch gemahlenem Pfeffer und Zitronensaft herzhaft abschmecken.

5 Die Bries- und Spargelstückchen daruntermischen und noch einmal kurz erwärmen, aber nicht mehr kochen lassen. Das Ragout in die leicht vorgewärmten Pastetchen füllen. Mit abgezupften Kerbelblättchen bestreuen, den Deckel daraufsetzen und als Imbiß oder Vorspeise reichen.

Nach dem Füllen die Teigstücke von einer Ecke her aufrollen und zu Hörnchen biegen.

Käsehörnchen

- Für 6 Personen
- Pro Portion (2 Stück): ca. 510 kcal

1 Paket tiefgekühlter Blätterteig (300 g), 100 g gekochter Schinken, 150 g Allgäuer Emmentaler, 250 g Sahne, 1 Ei, Salz, frischgeriebene Muskatnuß, 1 EL gehackte Petersilie, 1 TL Zitronensaft, Mehl zum Ausrollen, 1 Eigelb zum Bestreichen

1 Den Blätterteig auftauen lassen. Den Schinken fein wiegen, den Käse reiben und mit Sahne, Ei, Gewürzen, Petersilie und Zitronensaft vermischen. Den Backofen auf 225 °C vorheizen. Das Backblech kalt abspülen oder mit Backpapier belegen.

2 Den Blätterteig auf einem bemehlten Backbrett ausrollen und in 12 Dreiecke von ca. 10 cm Kantenlänge schneiden. Auf jedes Teigstück einen Löffel Füllung setzen.

3 Jedes Teigstück von der breiten Seite her aufrollen und zu einem Hörnchen biegen. Auf das Blech legen und mit dem verquirlten Eigelb bestreichen. Die Hörnchen in 20 Minuten goldgelb backen und noch warm servieren.

Blätterteigtaschen mit pikanter Füllung

◎ Für 6 – 8 Personen
◎ Pro Portion bei 6 Personen: ca. 425 kcal
◎ Siehe Abbildung S. 79

1 Paket tiefgekühlter Blätterteig (300 g), 50 g durchwachsener geräucherter Speck, 1 große Zwiebel, 1 EL Butter, 200 g Tatar, Salz, Cayennepfeffer, 1 Msp. Paprikapulver, 2 hartgekochte Eier, 12 gefüllte Oliven, 4 EL Rosinen, Mehl zum Ausrollen, 1 Ei

Der Imbiß läßt sich schneller zubereiten, wenn Sie tiefgefrorenen Blätterteig in Scheiben kaufen.

1 Den Blätterteig auftauen lassen. Speck und Zwiebel in kleine Würfel schneiden und in Butter glasig braten. Das Tatar hinzufügen und ebenfalls kurz anbraten. Mit Salz, Cayennepfeffer und Paprika abschmecken.

2 Die Eier und Oliven grob hacken und mit den Rosinen zum Fleisch in die Pfanne geben. 4 Eßlöffel Wasser hinzufügen und die Füllung kurz durchkochen lassen.

3 Den Backofen auf 225 °C vorheizen. Das Backblech mit Backpapier belegen.

4 Den Blätterteig auf einem bemehlten Backbrett ausrollen und mit einem Glas 12–18 Plätzchen mit einem Durchmesser von ca. 8 cm ausstechen und etwas Füllung darauf geben. Halbmondförmig zusammenfalten und die Ränder fest andrücken. Auf das Backblech setzen. Die Taschen mit verquirlten Eigelb bestreichen.

5 Das Blech auf die mittlere Schiene in den Backofen schieben. Die Taschen in 20 Minuten goldbraun backen. Warm servieren.

Blätterteigstangen mit Räucherlachs

◎ Für 24 Stück
◎ Pro Stück: ca. 130 kcal

500 g tiefgekühlter Blätterteig, 250 g sehr dünn geschnittener Räucherlachs, 2 TL Dillspitzen, schwarzer Pfeffer aus der Mühle, 2 Eigelb, 1–2 EL Sahne, Salz, 2 EL Sesamsamen

1 Den Blätterteig auftauen lassen, anschließend 3 mm dick zu einem Rechteck ausrollen. Aus dem Rechteck 8 cm breite Streifen ausradeln.

2 Den Backofen auf 220 °C vorheizen. Die Hälfte der Streifen mit dünngeschnittenem Räucherlachs belegen und mit Dill und wenig grobgemahlenem Pfeffer bestreuen.

3 Die restlichen Teigstreifen darüberlegen und gut andrücken. Das Eigelb mit der Sahne und 1 Prise Salz verrühren.

4 Die Teigstreifen quer in $1\frac{1}{2}$ cm breite Stangen schneiden. Ein Backblech mit Backpapier belegen. Die Stangen darauflegen, mit der Eiersahne bestreichen und mit Sesamsamen bestreuen.

5 Das Backblech auf die mittlere Schiene des Backofens schieben, die Stangen in 15 Minuten goldgelb backen. Lauwarm servieren.

Sie sollten die Blätterteigstangen nach Möglichkeit mit frischem Dill zubereiten.

Zucchini in Blätterteig

◎ Für 4 Personen
◎ Pro Portion: ca. 660 kcal

300 g tiefgekühlter Blätterteig, 800 kleine Zucchini, 2 Schalotten, 2 Eier, 2 EL Semmelbrösel, 200 g geriebener Emmentaler, 200 g Magerquark, Salz, Pfeffer aus der Mühle, frischgeriebene Muskatnuß, 2 Eigelb

Noch pikanter wird die Füllung, wenn Sie 100 g Emmentaler und 100 g Greyerzer Käse verwenden. Schön sieht es aus, wenn Sie die Teigoberfläche mit Teigresten verzieren.

1 Den Blätterteig auftauen lassen. Die Zucchini waschen, die Blüten- und Stielansätze entfernen und in kleine Stücke schneiden.

2 Die Schalotten schälen und vierteln. Zucchini und Schalotten in Salzwasser etwa 15 Minuten weichkochen. Das Kochwasser abgießen und das Gemüse im Mixer pürieren.

3 Für die Blätterteigfüllung das Zucchini-Schalotten-Püree mit den Eiern, Semmelbröseln, geriebenem Käse und Quark gut vermischen. Mit Salz, Pfeffer und Muskatnuß würzen.

4 Ein Backblech mit Backpapier belegen, Backofen auf 220 °C vorheizen.

5 Den Blätterteig in zwei gleich große Portionen teilen und auf einer bemehlten Fläche zu zwei gleich großen Platten dünn ausrollen.

6 Eine Teigplatte auf das Backblech geben, die Zucchini-Masse gleichmäßig darauf verteilen. Das Ganze mit der zweiten Platte bedecken. Die Teigplatten an den Rändern fest aneinanderdrücken. Den Blätterteig mit verquirltem Eigelb bestreichen und im Backofen etwa 40 – 45 Minuten goldgelb backen.

7 Blech aus dem Ofen nehmen und den Kuchen in quadratische Stücke schneiden.

Zwiebelplätzchen

◎ Für 10 Personen
◎ Pro Stück: ca. 200 kcal

400 g Mehl, 2 TL Salz, 25 g frische Hefe, 1/4 l Wasser, 3 EL Öl, Mehl zum Ausrollen, Butter für das Backblech, 2 Eigelb, 2 große Zwiebeln, Mohn zum Bestreuen

1 Das Mehl in einer Schüssel mit dem Salz vermischen. In die Mitte eine Vertiefung drücken. Die Hefe hineinbröckeln und mit der Hälfte des Wassers und etwas Mehl zu einem Vorteig verrühren. Zugedeckt an einem warmen Ort 20 Minuten aufgehen lassen.

2 Mit dem restlichen Mehl, dem lauwarmen Öl und dem restlichen Wasser zu einem glatten Teig verrühren und so lange schlagen, bis er sich vom Schüsselboden löst. Zugedeckt 40 Minuten an einem warmen Ort aufgehen lassen.

3 Den aufgegangenen Teig auf einem bemehlten Brett 1 cm dick ausrollen und Plätzchen von 5 cm Durchmesser ausstechen. Auf das gefettete Backblech legen und mit den verquirlten Eigelben bestreichen. Den Backofen auf 200 °C vorheizen.

4 Die geschälten Zwiebeln fein hacken, gleichmäßig auf den Plätzchen verteilen und etwas in den Teig drücken. Mit Mohn bestreuen. Zugedeckt noch einmal 15 Minuten gehen lassen.

5 Die Plätzchen auf die mittlere Schiene in den Backofen schieben und in etwa 20 Minuten goldbraun backen. Warm oder kalt servieren.

Aus dem 1 cm dicken Teig Plätzchen von etwa 5 cm Durchmesser austechen.

Blätterteigtaschen mit Spargel und Gänseleberparfait

Den Blätterteig in Quadrate schneiden und mit Gänseleberparfait bestreichen.

Die Hälfte der Quadrate mit Spargelstückchen belegen. Die übrigen Teigstücke darauflegen und die Ränder gut festdrücken.

◎ Für 6–8 Personen als Apertifbeilage
◎ Pro Portion bei 6 Personen: ca. 505 kcal

500 g tiefgekühlter Blätterteig, Salz, 10 g Butter, 1 TL Zucker, 500 g grüner oder weißer Spargel, 100 g Gänseleberparfait (vom Feinkosthändler), 1 Eiweiß, 2 Eigelb, 2 EL Sahne

1 Den Blätterteig auftauen lassen. 1 1/2 l Wasser mit Salz, Butter und Zucker in einem hohen Topf aufkochen. Den Spargel nach Bedarf schälen und die holzigen Teile wegschneiden. In 15–20 Minuten garen. Etwas abkühlen lassen, dann abgießen.

2 Den Backofen auf 220 °C vorheizen. Den Blätterteig 3 mm dick zu einem Rechteck von 12 cm Breite ausrollen. In Quadrate von 6 cm Seitenlänge schneiden. Alle Teigstücke mit etwas Gänseleberparfait bestreichen. Dabei einen Rand von 1 cm frei lassen.

3 Die abgetropften Spargelstangen in kleine Stücke schneiden und auf die Hälfte der Teigquadrate verteilen. Die Teigränder mit dem leicht verquirlten Eiweiß bestreichen. Die restlichen Teigplätzchen darauflegen und ringsum gut andrücken. Mit Hilfe einer Gabel eine Dekoration auf den Teigrändern anbringen.

4 Ein Backblech mit Backpapier auslegen. Die Taschen daraufsetzen. Das Eigelb mit der Sahne mischen. Die Taschen mit einer Gabel mehrmals einstechen und mit der Eiersahne bestreichen.

5 Das Blech auf die mittlere Schiene des Backofens schieben. Die Taschen ca. 15 Minuten backen und dann lauwarm servieren.

Spargel in Blätterteig

◎ Für 4 Personen
◎ Pro Portion: ca. 535 kcal

4 Scheiben tiefgekühlter Blätterteig, 12 Stangen weißer Spargel, Salz, 1/2 TL Zucker, 10 g Butter, 4 Scheiben Kochschinken, 150 g Frischkäse mit Kräutern, 1 Eigelb

1 Die Blätterteigplatten auf einem Kuchenrost auseinandergelegt auftauen lassen.

2 Die Spargelstangen schälen und in reichlich kochendem Wasser mit Salz, Zucker und Butter in 12 Minuten bißfest garen.

3 Die Blätterteigplatten jeweils so ausrollen, daß drei Spargelstangen darin eingewickelt werden können. Jede Platte mit einer Schinkenscheibe belegen und diese mit Frischkäse bestreichen. Den Backofen auf 220 °C vorheizen.

4 Je drei gut abgetropfte, abgekühlte Spargelstangen auf den vorbereiteten Blätterteig legen und fest damit umhüllen. Die Schnittflächen fest zusammendrücken und die Päckchen auf ein mit Backpapier ausgelegtes Backblech legen. Eventuell mit Teigresten verzieren. Mit verquirltem Eigelb bestreichen und im Backofen auf der mittleren Schiene in etwa 20 Minuten goldbraun backen. Warm servieren.

Verwenden Sie auch mal grünen Spargel und Parmaschinken für die Füllung.

Die Reisblätter in kaltem Wasser einweichen, bis sie milchig weiß werden.

Rote Linsen im Reisblatt

◎ Für 4 Personen
◎ Pro Portion: ca. 360 kcal

200 g rote Linsen, 1 TL gemahlener Kurkuma (Gelbwurz), 4 Reisblätter, 1 Gemüsezwiebel, 2 Knoblauchzehen, 50 g frische Ingwerwurzel, 1 grüne Chilischote, 2 EL Öl, 1/4 l Brühe (vom Rind, Geflügel oder Gemüse), 2 cl Sherry (Fino), 2 cl Sherryessig, 2 cl Sojasauce, Salz, weißer Pfeffer aus der Mühle, etwas Kreuzkümmel, 100 g Joghurt, Fett für das Backblech, 2 Eigelb zum Bestreichen

Die Teigtaschen vor dem Backen mit verquirltem Eigelb bestreichen.

1 Die Linsen in reichlich Wasser mit Kurkuma im Schnellkochtopf 5–6 Minuten kochen lassen. Abgießen und auf einem feinen Sieb gut abtropfen lassen.

2 Die Reisblätter in kaltem Wasser einweichen, bis sie milchig-weiß werden, dann vorsichtig herausnehmen und nebeneinander auf einem Tuch ausbreiten.

3 Gemüsezwiebel sowie Knoblauch und Ingwer schälen, die Chilischote entkernen und alles in kleine Würfel schneiden.

4 Das Öl in einer Kasserolle erhitzen und Gemüsezwiebelwürfel, Knoblauch, Ingwer und Chili darin anschwitzen. Die abgetropften Linsen dazugeben und mit Brühe, Sherry, Essig und Sojasauce aufgießen.

5 Mit Salz, Pfeffer und Kreuzkümmel würzen und so lange bei mittlerer Hitze kochen lassen, bis die Flüssigkeit fast verdampft ist. Vom Herd nehmen und den Joghurt unterrühren. Den Backofen auf 200 °C vorheizen.

6 Die Linsenmasse auf die Reisblätter verteilen, die Blattränder erst von der Seite über die Füllung, dann von der Längsseite her darüber klappen. Die Pakete auf ein gefettetes Backblech legen, mit dem verquirlten Eigelb bestreichen und auf mittlerer Schiene in etwa 10 Minuten goldgelb backen.

Schinkenbeignets

- Für 4 Personen
- Pro Portion: ca. 575 kcal

¼ l Wasser, 50 g Butter, 1 Prise Salz, 150 g Mehl, 5 Eier, 200 g magerer gekochter Schinken, 50 g frischgeriebener Parmesan, weißer Pfeffer aus der Mühle, frischgeriebene Muskatnuß, Fett zum Ausbacken

1 Das Wasser mit der Butter und dem Salz in einem Topf aufkochen. Das Mehl auf einmal in die kochende Flüssigkeit schütten. Bei schwacher Hitze mit einem hölzernen Kochlöffel rühren, bis sich der Teigkloß vom Topfboden löst. Vom Herd nehmen und unter Rühren sofort ein Ei nach dem anderen hinzufügen.

2 Den Schinken in kleine Würfel schneiden und mit dem Parmesan gründlich mit dem Teig verrühren. Mit Pfeffer und Muskat würzen.

3 Das Ausbackfett in einer Friteuse oder in einem Eisentopf auf 175 °C erhitzen.

4 Mit zwei feuchten Löffeln aus dem Teig kleine Klößchen abstechen und nach und nach in dem heißen Fett goldbraun ausbacken.

Sie können die Teighäufchen auch auf ein mit Backpapier ausgelegtes Backblech setzen, mit Eigelb bestreichen und bei 220 Grad in 30 Minuten goldgelb backen.

Aus dem Teig ein großes Rechteck radeln. Dieses in drei gleich große Streifen schneiden.

Die dritte Teigschicht auf einem Brett in Streifen teilen. Die einzelnen Teigblätter auf die letzte Cremeschicht legen und entlang der Schnittstellen mit einem scharfen Messer alle Schichten durchschneiden.

Blätterteigschnitten mit Roquefort-Creme

- Für 4 Personen
- Pro Portion: ca. 660 kcal

1 Paket tiefgekühlter Blätterteig (300 g), Mehl zum Ausrollen, 100 g Roquefort, 100 g Quark
1 TL Armagnac, 250 g Sahne, Salz, schwarzer Pfeffer aus der Mühle, 1 EL Schnittlauchröllchen

1 Den Backofen auf 225 °C vorheizen. Ein Backblech mit Backpapier belegen.

2 Den aufgetauten Blätterteig auf einem leicht bemehlten Brett zu einem Rechteck von 20 x 45 cm ausrollen, in drei 20 x 15 cm große Streifen schneiden. Auf das Backblech legen und mit einer Gabel mehrmals einstechen.

3 Im Backofen auf der mittleren Schiene in 20 Minuten goldbraun backen. Auf einem Kuchengitter abkühlen lassen.

4 Den Roquefort fein zerbröckeln und mit Quark und Armagnac verrühren. Die Sahne steif schlagen. Ein Viertel davon zum Verzieren beiseite stellen, den Rest unter die Käsemasse heben. Mit Salz und Pfeffer würzen. Die Creme kühl stellen.

5 Einen Teigstreifen mit der Hälfte der Creme bestreichen. Den zweiten Streifen daraufsetzen und mit der restlichen Masse bestreichen. Mit dem Schnittlauch bestreuen. Das dritte Teigblatt in 8 Streifen schneiden und auf die Creme legen. Mit einem Messer durch alle Schichten schneiden, so daß 8 Schnitten entstehen.